von Mittnacht

Erinnerungen an Bismarck

Europäischer Geschichtsverlag

von Mittnacht
Erinnerungen an Bismarck

1. Auflage | ISBN: 978-3-73400-687-6

Erscheinungsort: Paderborn, Deutschland

Erscheinungsjahr: 2015

Europäischer Geschichtsverlag ist ein Imprint der Salzwasser Verlag GmbH, Paderborn.

Die Erinnerungen des württembergischen Ministerpräsidenten von Mittnacht an Bismarck, Nachdruck des Originals von 1904.

von Mittnacht

Erinnerungen an Bismarck

egv

Erinnerungen an Bismarck

Von

Dr. Freiherrn von Mittnacht
K. Württemb. Staatsminister und
Ministerpräsident a. D.

Stuttgart und Berlin 1904
J. G. Cotta'sche Buchhandlung Nachfolger

Alle Rechte vorbehalten

Druck der Union Deutsche Verlagsgesellschaft in Stuttgart

Als Württembergischer Minister vom April 1867 bis November 1900[1]), als Mitglied des Zollparlaments, Bevollmächtigter zu den Unterhandlungen in Versailles über die Gründung eines deutschen Bundes im Oktober und November 1870 und über den Abschluß der Friedenspräliminarien mit Frankreich im Februar 1871, endlich als Mitglied des Bundesrats des Deutschen Reichs von seiner ersten Sitzung am 20. Februar 1871 bis November 1900 hatte ich vielfach Anlaß und Gelegenheit, mit Bismarck zu verkehren.

Häufiger Gast in seinem Hause in Berlin und in Friedrichsruh, besuchte ich den Fürsten auch in Varzin, Kissingen und Gastein. Nach seiner Entlassung machte ich im Mai 1890 einen Besuch in Friedrichsruh[2]) und im August 1893 einen weiteren in Kissingen. Dort sah ich den Fürsten zum letzten Male. Nach dem Tode der Fürstin wechselten wir noch Briefe[3]). Ein im Sommer 1898 auf den 6. August verabredeter Besuch in Friedrichsruh ward durch die Erkrankung und den Tod des Fürsten vereitelt.

Der Fürst und die Fürstin waren stets freundlich und gütig gegen mich, wofür ich ihnen ein dankbares Andenken bewahre. Er bewies mir Vertrauen[4]) und

---

Die mit Ziffern [1) u. ff.] bezeichneten Anmerkungen befinden sich am Schlusse von Seite 66 ab.

machte mir in zahlreichen Unterredungen manche interessante Mitteilungen über Dinge und Personen. Daß seine ganze Art nicht die eines zurückhaltenden, vorsichtigen, die Worte und Ausdrücke abwägenden schweigsamen Diplomaten der alten Schule war, sondern daß er unter Wahrung der Form und Sprechweise des wohlerzogenen vornehmen Mannes offen, unumwunden und ohne Rücksicht auf Rang und Stellung der Person nach seiner jeweiligen Stimmung sich auszusprechen und zu urteilen pflegte, ist bekannt. Einen besonderen Reiz seiner Darlegungen bildeten die häufigen treffenden und überraschenden Vergleiche und Bilder, deren er sich bediente. Auch in Fällen, in welchen ich abweichende Auffassungen und einen ablehnenden Standpunkt vertreten mußte und den Vorschlägen des Reichskanzlers namens der Württembergischen Regierung nicht zustimmen konnte, wurde ich vielleicht bei der nächsten Begegnung vom Fürsten übersehen, eine länger dauernde persönliche Mißstimmung entstand aber nicht[5]), und je weniger ich unter die Schmeichler des Fürsten ging, je weniger ich mich ihm aufdrängte, desto besser gestalteten sich unsere Beziehungen. Wer nicht zu allem ja sagt, hat ja im politischen Leben mitunter größerer Rücksichtnahme sich zu erfreuen als der, auf dessen Zustimmung und Bereitwilligkeit stets unbedingt gerechnet werden kann.

Den Ministern insbesondere der größeren Einzelstaaten, deren Anwesenheit und persönliche Mitwirkung in Berlin in den ersten Zeiten des Reichsbestands häufiger war als später, kam Bismarck stets mit größter kollegialer Liebenswürdigkeit entgegen. Er sah sie häufig bei sich zu Tisch und pflegte dann nach der Tafel beim Kaffee[6]) über die aktuellen Tagesfragen und seine Auffassungen eingehend sich auszusprechen. Dabei gaben die im Kreise umhersitzenden Gäste allerdings hauptsächlich die Zuhörer ab, sie gewannen aber doch erwünschte Einblicke in die jeweilige politische Lage und die Wege, die der Reichs= kanzler einzuschlagen beabsichtigte. Sie hatten das Gefühl einer ihre Stellung im Bundesrat, in dem der Kanzler ja nicht häufig erschien, achtenden, informierenden, ver= traulichen und häufig sehr offenen, wenn auch auf Bis= marcks Seite autoritativen Aussprache, und ihre gelegent= lichen Bemerkungen und Bedenken in der betreffenden Angelegenheit wurden mit größter Höflichkeit entgegen= genommen, wobei es sich nur empfahl, sie in einer dem Kanzler zusagenden Form und in Kürze vorzubringen.

An diese Tischgespräche schlossen sich nicht selten die niemals vorher zu Papier gebrachten und ins einzelne ausgearbeiteten, sondern der jeweiligen Situation im Parlament folgenden und deshalb so wirkungsvollen Reden des Kanzlers im Reichstag an, in einer Weise, daß wer zuvor Gast des Fürsten war, oft im voraus bis auf Wort und Ausdruck wissen konnte, was nun folgen werde. Die Darlegungen vor den Ministern bildeten die vor= bereitende Geistesarbeit für den Reichstag.

Daß Bismarck, wo nicht tiefgewurzelte eingewöhnte prinzipielle Überzeugungen in Frage standen, an Mei= nungen und Maßnahmen nicht unabänderlich festhielt, was auch in einer mitunter wechselnden Beurteilung von Personen hervortrat, die er meist nach ihrer jeweiligen Brauchbarkeit für seine Pläne einschätzte, ist bekannt. Es wird dies bei jedem Minister mit langer Amtsdauer, der mit dem Wechsel der Volksstimmung und Volksver=

tretungen zu rechnen hat, und schließlich bei jedem praktischen Politiker mehr oder minder vorkommen. Freilich ist der Fall nicht selten, daß man für sich selbst das Recht der Meinungsänderung in Anspruch nimmt, sich wohl auch ein Verdienst daraus macht, einen Wechsel bei anderen aber weniger natürlich und gerechtfertigt findet.

Sein Endziel hatte Bismarck unverrückt vor Augen. Darin schwankte er nicht. War die Zeit zur Verwirklichung noch nicht gekommen, so konnte er warten. War es nicht sofort ganz und voll zu erreichen, so näherte er sich schrittweise. Erwies sich ein Weg als nicht gangbar, so schlug er einen anderen ein, und ging es mit diesen oder jenen Persönlichkeiten oder Parteien nicht vorwärts, so versuchte er es mit anderen. Er war, wie er schon oft genannt wurde, ein Realpolitiker von Grund aus.

Der geschäftliche Verkehr mit dem Kanzler war für Untergebene und wohl auch für Ministerkollegen kein leichter. Abgesehen von seinen häufigen Abwesenheiten aus Berlin und seiner zeitweiligen Unnahbarkeit aus Gesundheitsrücksichten hatten ihn die unbestreitbare geistige Überlegenheit, die angeborene Selbständigkeit und Originalität seines Wesens, seine großartigen Erfolge, die unwandelbare Gunst seines Königs, die ihm gezollte Bewunderung und das Bewußtsein der Unentbehrlichkeit zu einer solchen Höhe erhoben, daß er weniger Rat und Mitarbeit als bereitwillige Folgeleistung suchte und erwartete. Gewiß wußte auch er die besondere Sachkunde und Erfahrung anderer in einzelnen Zweigen und Ressorts zu schätzen und zu benützen und hatte auch wohl die Erfahrung gemacht, daß man mitunter bei solchen, denen man es gar nicht zugetraut hätte, überraschend richtige, auf neue Mittel und Wege hinweisende Gedanken trifft. Wo er aber den Anregungen und Vorschlägen anderer folgte, geschah es unter dem steten Vorbehalt, sie in voller Unabhängigkeit der Erwägung zu prüfen, zu modifizieren, umzugestalten, nach Umständen wieder fallen zu lassen und im Falle des Mißerfolges wohl auch die Verantwortung von sich abzulehnen. Seine so vieles umfassende amtliche Stellung bot ihm die Möglichkeit, heute die Unabhängigkeit der Ressorts walten zu lassen, morgen Einzelfragen, die ihm wichtig genug erschienen, an sich zu ziehen. Daß er der Detailarbeit abgeneigt war, insbesondere der juristischen, und sich auf die Direktiven, die leitenden Gedanken zurückzog, ist erklärlich und natürlich; zu viel Detailarbeit ist für den Staatsmann nicht empfehlenswert, mitunter ist aber das Detail ein wesentlicher und wichtiger Bestandteil des Ganzen und kann einen großen Gedanken sehr ungünstig beeinflussen. Eine Reihe hervorragender Männer, darunter namentlich Delbrück, dessen Verdienste in der deutschen Verfassungsfrage und in der Leitung der Bundesratsgeschäfte noch nicht vollgültig gewürdigt sind, hat dem Kanzler unschätzbare Hilfe und Dienste geleistet und tunlichste Erleichterung der Bürde und Last seines vielbeschäftigten schweren und verantwortungsvollen Amtes verschafft. Die Stellung eines in alles eingeweihten Vertrauten und ständigen Beraters von dauerndem Einfluß hat keiner jener Männer gehabt. Dafür hatte der Kanzler zu viel eigenen Willen. Je nach der Gestaltung seiner Anschauungen trennten sich ihre Wege.

Daß Bismarck über die spezifische Art preußischer

Geheim- und Ministerialräte, ihren Ressortpatriotismus und ihren Einfluß auf einzelne Chefs sarkastische Bemerkungen machte, war nicht selten. Überhaupt habe ich gefunden, daß er an den meisten, welche ihre amtliche oder parlamentarische Stellung in häufigere Berührung mit ihm brachte, manches auszusetzen hatte und daß seine Kritik in der Regel mehr streng als wohlwollend war. Gegner, wirkliche oder vermeintliche, beurteilte und behandelte er unnachsichtig, oft schroff, im Einzelfalle unter Vermutung unlauterer Beweggründe. Es gab Persönlichkeiten, von deren Übelwollen gegen sich und seine Politik er so überzeugt war, daß er ihre Beteiligung bei allem voraussetzte, was ihm an Hindernissen und Ungelegenheiten begegnete.

Er schien mir auch, wenigstens seit ich ihn kannte (1868), zum Mißtrauen geneigt zu sein und Intrigen, Konspirationen und Feindschaften auch da zu vermuten, wo sie in Wirklichkeit vielleicht nicht oder nicht in dem angenommenen Maße vorhanden waren. Dazu mögen unliebsame Erfahrungen mit früheren persönlichen und politischen Freunden, aus deren Genossenschaft er sich zu überragender Höhe emporgeschwungen hatte, auch seine Zurückgezogenheit aus dem größeren gesellschaftlichen Verkehr und Beschränkung auf einen kleinen Kreis von Personen, die er in seinem Hause sah, vielleicht auch Mißverständnisse und Zuträgereien beigetragen haben. Auch der weitblickende und kühl berechnende Staatsmann unterliegt mitunter Eindrücken und Stimmungen des Augenblicks, und solchen gab Bismarck, der, von Natur temperamentvoll, stürmisch und stets kampfbereit, gern sich aussprach und in seinen Reden gehen ließ, unver-

blümten, doch aber als Produkt des Augenblicks aufzu=
fassenden Ausdruck — vor Zuhörern, die nicht immer
vorsichtig gewählt waren.

Bei der Beurteilung Bismarcks muß man sich immer
vor Augen halten, wie Vieles und Großes während
seiner Amtsführung vollbracht worden ist. In den ersten
zehn Jahren drei Kriege, die Annexionen, die Bildung des
Norddeutschen Bundes, noch während des Krieges mit
Frankreich unter dem Beitritt der süddeutschen Staaten
die Gründung des Deutschen Reichs mit dem Kaiser an
der Spitze, die Rückgewinnung der Reichslande, dann
Konsolidierung und Ausbau des Geschaffenen, das Ein=
leben in die neuen Verhältnisse, langwierige erregte
Verhandlungen mit dem Reichstag und seinen Parteien
über die Lösung großer innerer Fragen, endlich der
Dreibund. Auch bei dem König und Kaiser, der es ernst
nahm mit seinem Herrscherberuf, der die Zügel in der
Hand behielt und eigene Meinungen hatte, von denen
er sich nur sehr ungern trennte, hatte Bismarck keinen
leichten Stand. Und nicht bloß Gegner waren zu be=
kämpfen, auch des Andrängens wohlmeinender patriotisch
gesinnter Freunde der gemeinsamen Sache hatte er sich
zu erwehren, die sich zur Mitarbeit berufen fühlten und
es unternahmen, dem leitenden Staatsmann in Denk=
schriften und Unterredungen die Wege zu weisen, die er
nach ihrer Meinung nun zu gehen hätte. Welche Schwierig=
keiten, Mühen und Sorgen und welche Verantwortlich=
keit lasteten auf diesem Mann! Wenn er nervös, reizbar,
ärgerlich, ungeduldig wurde und wenn unter der rast=
losen Anspannung seines Geistes und seiner Kräfte das
körperliche Befinden litt, kann es nicht wundernehmen.

Auf dem Lande, wo Amt und Stellung den Kanzler weniger unmittelbar in Anspruch nahmen, war Bismarck der liebenswürdigste Wirt. Er liebte es, mit Gästen, deren Begleitung ihm angenehm war, Fahrten in den Wald zu machen, und sprach dann auch von anderem, als von Geschäften und Politik. Seine vielseitigen Erlebnisse und seine scharfe Beobachtungsgabe, verbunden mit einem wunderbaren Gedächtnis, seine originellen Auffassungen, seine ausgebreiteten Kenntnisse namentlich in der Geschichte, seine Liebe zur Natur, zur Tierwelt, zum Landleben machten ihn zum gewinnendsten Gesellschafter, und seine nie versiegende Unterhaltung war ein wirklicher Genuß.

Über die staatsmännischen Eigenschaften und Leistungen des Kanzlers eingehender zu sprechen, wäre hier nicht der Platz. Nur folgendes möge bemerkt werden.

Daß er ein Meister auf dem Gebiet der auswärtigen Politik war, ist nahezu allgemein anerkannt. Seine Politik und ihre Maßnahmen im Innern haben mehr Anlaß zur Kritik und zu Ausstellungen und Angriffen gegeben. Weder aus dem Kulturkampf noch aus dem Kampfe mit der Sozialdemokratie ist der Kanzler als Sieger hervorgegangen. Beide Gegner hat er nicht richtig gewertet, und wenn er geäußert hat, fünfundzwanzig Sozialdemokraten im Reichstag wären ihm nicht zu viele, so würde ihn die jetzt von ihnen erreichte Zahl vielleicht doch besorgt gemacht haben. Er hat das allgemeine gleiche direkte und geheime Wahlrecht für den Reichstag, die einzige parlamentarische Körperschaft, eingeführt, von wo aus dasselbe den Weg zu den Abgeordnetenkammern der Landtage teils schon gefunden hat, teils noch finden wird. Von der Diätenlosigkeit der Reichstagsmitglieder versprach er sich zu viel, und wenn in den „Gedanken und Erinnerungen" Bd. II S. 58 gesagt ist, das allgemeine Wahlrecht sei eine „notwendige Waffe gewesen im Kampfe gegen Österreich und weiteres Ausland, im Kampfe für die deutsche Einheit, zugleich eine Drohung mit letzten Mitteln im Kampfe mit Koalitionen", so ist das doch nicht überzeugend. Beigefügt ist ebenda, nach Hervorhebung der Nachteile des „Übergewichtes der Massen, der Begehrlichen und weniger Gebildeten", zur Beruhigung: „sobald das deutsche Volk einsehe, daß das allgemeine geheime Wahlrecht eine schädliche Institution sei, werde es stark und klug genug sein, sich davon frei zu machen". Es ist aber doch unwahrscheinlich, daß die Mehrheit je zugeben wird, daß ihr Wahlrecht schädlich sei, und Tatsache ist, daß zur Zeit keine Partei und kein maßgebender Politiker es wagt, an das allgemeine Stimmrecht zu rühren, während gerade die von Bismarck beanstandete Heimlichkeit des Wahlverfahrens mit immer neuen und stärkeren Schutzwehren umgeben wird. Manches ist auch gegen einzelne der aus der unermüdlichen Tätigkeit des großen Staatsmanns hervorgegangenen gesetzgeberischen Maßnahmen und Projekte je nach dem Parteistandpunkt mit mehr oder weniger Recht angeführt worden.

Gewiß ist die Entwicklung des Reichs nach Bismarcks Ausscheiden nicht stillgestanden, seine Sicherheit und Machtstellung sind nicht verringert. Der nationale Gedanke hat sich trotz des Geredes über Reichsverdrossenheit vertieft. Ansehnliche Fortschritte in Gesetzgebung und Organisation sind erreicht, neue große Ziele und Aussichten eröffnet. Manches aus Bismarcks Zeit, auch einzelne eigene Auffassungen und Äußerungen desselben erscheinen der Jetztzeit bereits als unmodern und veraltet. Aber eines wird immer bestehen bleiben und davor hat jede Kritik zurückzutreten, sein unsterbliches Verdienst um die deutsche Einigung. Er war der rechte Mann zur rechten Zeit, ein genialer Mensch und Staatsmann. Mit kühner, wagemutiger, rücksichtsloser Entschlossenheit verband er Selbstbeherrschung, weise Mäßigung und Vorsicht. Zugleich war er eine durchaus praktische Natur. Er sah die Dinge wie sie waren und ergriff zunächst das Erreichbare. Mit dem Erfolge wuchsen seine Kraft und seine Pläne, und auf dem Erreichten baute er weiter. Dabei war er nicht von persönlichen Beweggründen, Ehr- oder Gewinnsucht geleitet, er verfolgte ein vielen deutschen Patrioten gemeinsames, lange ersehntes, aber unerreichbar scheinendes ideales Ziel, die Einigung der deutschen Stämme und Staaten zu einem nationalen, lebensfähigen, die Entfaltung der Kräfte des deutschen Volkes fördernden, seine Sicherheit und Wohlfahrt verbürgenden angesehenen Staatswesen, zu einer friedlichen Großmacht im Herzen Europas. Für dieses Ziel setzte er alles, auch die eigene Person und Zukunft, ein und er durfte es in verhältnismäßig kurzer Zeit erreicht sehen. Das Werk, für das er lebte, gedeiht und trägt die erhofften Früchte.

Wer das staatsmännische Wirken Bismarcks zu verfolgen Gelegenheit und ihm auch außeramtlich persönlich näher zu treten den Vorzug hatte, kann ihm aufrichtige Bewunderung und warme persönliche Sympathie nicht versagen, er hat in großer Zeit einen Großen und Starken in der Nähe gesehen.

Mit scharfen Waffen ist neuerdings unter deutschen Historikern ein Streit über die Frage ausgefochten worden: wer als „der Begründer des Reichs" zu bezeichnen sei, Kaiser Wilhelm oder sein Kanzler Bismarck[7]? Der regelmäßige Gebrauch jener Bezeichnung für den letzteren, während der Kaiser im Hinblick auf die erfochtenen großen Siege häufig der „Heldenkaiser" genannt wird, mag eine gewisse Richtigstellung als angezeigt haben erscheinen lassen, obwohl ich glaube, daß die Berechtigung des Monarchen, in dessen Namen und mit dessen Sanktion ja alles geschah, „Gründer des Reichs" genannt zu werden, als selbstverständlich vorausgesetzt wurde. Es wäre aber unrichtig, bei dieser Berichtigung so weit zu gehen, daß das Mißverständnis[8]) entstehen könnte, als sei Bismarck mehr nicht gewesen als der Vollstrecker längst durchgearbeiteter Gedanken, Entwürfe und Pläne seines Herrn und ein Werkzeug, dessen ein übergeordneter schöpferischer Geist sich bediente. Kaiser Wilhelm in seiner Anspruchslosigkeit und Ritterlichkeit wäre der erste gewesen, der gegen eine solche Verkleinerung seines Ratgebers Einspruch erhoben hätte[9]), und daß Bismarck zu einer solchen der eigenen Initiative und schaffenden Kraft wenig Raum bietenden Stellung sich bequemt hätte, ist bei seinem Charakter ausgeschlossen. Es ist vollkommen wahr und vielen aus der Seele gesprochen, was bei der Enthüllung des Kaiserdenkmals in Hamburg am 20. Juni 1903 gesagt wurde, daß „niemand sich dem Zauber der Persönlichkeit, der einfachen Bescheidenheit und der das Herz gewinnenden Liebenswürdigkeit des hohen Herrn entziehen konnte". Der Kaiser besaß aber auch große, nicht gewöhnliche Regenteneigenschaften. Er hatte eine hohe Vorstellung von seinem Herrscherberufe, dem er sich mit äußerster Pflichttreue, Gewissenhaftigkeit und Arbeitsamkeit widmete, er unterordnete sich keineswegs ohne weiteres den Ansichten und Vorschlägen seiner Ratgeber, sondern mußte, bevor er sie genehmigte, von ihrer Richtigkeit und Zweckmäßigkeit überzeugt werden, er wußte nicht bloß hervorragende Männer als Berater um sich zu versammeln und Meinungsverschiedenheiten unter ihnen auszugleichen, sondern er wahrte ihnen auch Treue und Dankbarkeit, gewährte ihnen auch in ungünstiger Zeit die Unterstützung, den festen Halt und die Autorität, welche sie zur Entfaltung einer gedeihlichen Wirksamkeit nötig hatten; in allen wichtigen Dingen hatte er die letzte Entscheidung und seine Ratgeber konnte er nach Belieben wechseln. Somit war er in Wirklichkeit die oberste Spitze des Staates und der Regierung und zeigte auch das Selbstbewußtsein und die Würde des Herrschers. Schon die Tatsache, daß der Kaiser bis an sein Lebensende einen Minister wie Bismarck ohne eine Regung von Eifersucht im Amte erhalten und daß letzterer über den Kaiser, so wie geschehen, sich ausgesprochen hat, indem er seinen starken und tapferen Geist, seinen klaren Verstand, sein Gerechtigkeitsgefühl, seine Furchtlosigkeit auf dem Wege der Pflicht und Ehre und seine königliche Vornehmheit rühmte, beweist, daß man einen Monarchen von ungewöhnlicher Begabung und hoher Bedeutung vor sich hat. Mit vollem Recht kann derselbe Begründer des Reichs genannt werden, wie ja auch sonst große Erfolge in erster Linie denjenigen zugeschrieben werden, welche an der Spitze standen, wenngleich sie auch von anderen Unterstützung durch Rat und Tat erhielten.

Dem König und Kaiser, der den militärischen Angelegenheiten sein besonderes Interesse zuwandte, stand nun ein hervorragender Staatsmann als verantwortlicher und leitender Minister vom Beginn bis zum Ende des gemeinsam durchgeführten Werkes zur Seite, beratend, anregend, ausführend. Seine Beurteilung der politischen Lage, seine Berechnungen und Plane, seine Voraussicht erwiesen sich als richtig und erfolgreich, was er betrieb gelang über Erwarten, keine wichtige Entscheidung des Kaisers ist bekannt, die ohne Bismarcks Rat und Zustimmung ergangen wäre, in der Öffentlichkeit trat dieser vermöge seiner Stellung als Minister handelnd und sprechend mehr und häufiger hervor und den Zeitgenossen näher als der Monarch, der politische Unterhaltungen und persönliche Auslassungen nicht liebte, die Leistungen und Verdienste des Kanzlers aber wurden vom Kaiser, der doch das kompetenteste Urteil hatte, so hoch gewertet und mit so warmen Dankesäußerungen anerkannt, daß die allgemeine Meinung berechtigt war anzunehmen, Bismarck sei mehr als ein getreuer und geschickter Diener, er sei ein wirklicher Mitarbeiter von bestimmendem Einfluß gewesen und der von ihm empfohlenen Politik habe der Kaiser sich angeschlossen. Die allgemeine Meinung und die Geschichtschreibung werden es sich nicht nehmen lassen, wenn auch dem Kaiser offiziell der Vortritt gebührt, auch Bismarck als Begründer des Reichs zu feiern, und diesen Ruhm ihm streitig zu machen ist ein vergebliches Bemühen. Die richtige Antwort auf die oben gestellte Frage wird deshalb sein: Die Begründer des Reichs sind der große Kaiser und sein großer Kanzler. Statt, was ohnedem unausführbar ist, die beiderseitigen Verdienste gegeneinander abzuwägen und hier dem Kaiser, dort dem Kanzler den Vorzug zu geben, sollte man zufrieden und dankbar sein, daß in entscheidender Zeit dem deutschen Volke zwei Männer beschieden waren, die in glücklichem Zusammenwirken, getragen von den unvergleichlichen Leistungen eines wohlorganisierten, wohlgeführten tapferen Heeres und von der aufflammenden Begeisterung der Nation im Verein mit den deutschen Fürsten, Deutschland auf die Höhe gehoben haben, auf der es nach vollzogener Einigung jetzt steht.

Es ist gegen Bismarck der Vorwurf erhoben worden, daß er Bayern gegenüber zu entgegenkommend, zu nachgiebig und nachsichtig gewesen sei, sowohl bei dem Friedensschluß von 1866 als bei den Vertragsunterhandlungen zu Versailles im November 1870 [10]).

Dagegen ist folgendes zu sagen:

Bismarck, ein erfahrener Diplomat, verstand sich sehr gut auf die traditionellen Interessen, die Aspirationen der für Deutschland hauptsächlich in Betracht kommenden Mächte und die Stimmungen ihrer Höfe. Er konnte nicht bezweifeln, daß die Erstehung einer neuen Großmacht „Gesamtdeutschland" nirgends gerne werde gesehen werden. Er zog die langgestreckten Grenzen Deutschlands gegen mächtige Nachbarn und die Tatsache in Betracht, daß es noch keine einheitliche deutsche Heeresverfassung gab. Er wußte, daß die Früchte glänzender Siege über einen Gegner verkümmert werden können durch die Einmischung dritter beim Friedensschluß, und er hatte mit der Möglichkeit der Vereinigung mehrerer Mächte zu diesem Zweck, der Eventualität übermächtiger Koalitionen des Auslands zu rechnen.

Im Jahre 1866 hatte Preußen zum Hauptgegner den österreichischen Kaiserstaat, der, in langjähriger Geschichte auch durch Gemeinsamkeit der Sprache und Kultur wie wirtschaftlicher Interessen mit Deutschland verbunden, im Deutschen Bunde überwiegenden Einfluß geübt hatte. An Österreich hatten sich denn auch die größeren Staaten des Deutschen Bundes angeschlossen, in welchen die Sympathien für Österreich vorherrschten und ein Deutschland ohne die deutsch-österreichischen Lande für undenkbar erachtet wurde.

Die schnellen entscheidenden Siege Preußens im böhmischen Feldzug kamen den meisten unerwartet und überraschend, doch hatte nach Königgrätz Frankreich bereits interveniert, es wollte Preußen zwar in Norddeutschland freie Hand lassen, widersetzte sich aber entschieden einer Ausdehnung der preußischen Suprematie auch auf Süddeutschland, der Bildung eines gesamtdeutschen Staatswesens. Wollte man diese durchsetzen, so war der Krieg mit Frankreich, jetzt oder in absehbarer Zeit, unvermeidlich. In diesem mußte Deutschlands Einigung erkämpft werden.

Vielleicht wäre es ja nun möglich gewesen, auch diesen Krieg, in welchem Österreich und seine Verbündeten auf der Seite Frankreichs gestanden wären, wiederum Deutsche gegen Deutsche gekämpft haben würden und Frankreich ungehindert in Süddeutschland hätte Fuß fassen können, sofort glücklich durchzukämpfen. Auch nur mit einiger Sicherheit ließ sich aber der Erfolg nicht voraussehen; nach 1870 wurde die militärische Verfassung und Machtstellung Frankreichs anders beurteilt, als es im Jahr 1866 möglich war. Nach mehr als dreißig Jahren ist freilich die Kritik stets im Vorteil, weil sie fertige Tatsachen, aus welchen sie Rückschlüsse zieht, nicht noch ungewisse, im Fluß befindliche Verhältnisse vorfindet, und gerade bei der Beurteilung auswärtiger Verhältnisse muß sie, was die oft eigentümlichen Erörterungen in den Parlamenten zeigen, besonders vorsichtig sein, weil die erforderlichen Grundlagen nur selten vollständig offen vorliegen und häufig nur dem Blicke des seit lange Eingeweihten erkennbar sind.

Die nüchterne unbefangene Erwägung der Lage und der Ausblick in die Zukunft mußten dem deutschen Staatsmann, welchem Ängstlichkeit, Schwachmut oder Sentimentalität nicht nachgesagt werden können, nahe legen, die gewonnenen großen Vorteile zunächst für Preußen — Ländererwerb, Austritt des alten Rivalen aus dem Deutschen Bunde und freie Bewegung im Norden — zu bergen und in Sicherheit zu bringen, die mit der Dauer des Besitzes wuchs, und für einen wahrscheinlich nachfolgenden Krieg mit Frankreich dieses möglichst zu isolieren.

Mittel hierzu waren der rasche Friedensschluß unter annehmbaren Bedingungen mit dem österreichischen Kaiserstaat, welcher diesen nicht zum unversöhnlichen Gegner der Zukunft und natürlichen Verbündeten Frankreichs machte, vielleicht Raum zu einem späteren völkerrechtlichen Bündnis zwischen Deutschland und Österreich bot, und die gleich schonende Behandlung der deutschen Verbündeten Österreichs, welche für den künftigen deutschen Bundesstaat gewonnen werden sollten, sowie die Allianzverträge mit den süddeutschen Staaten, welche auf die Besserung ihrer Heeresverhältnisse günstigen Einfluß üben mußten und den Franzosen den Einbruch in deutsches Gebiet zu versperren helfen konnten. Daß Bismarck dieser Politik den Vorzug gab, ist ein hochzuschätzender Beweis seiner Staatsklugheit und Voraussicht sowie seiner deutschen Gesinnung, der Erfolg hat sie gerechtfertigt und sie gereicht ihm zur Ehre, nicht zum Vorwurf. Man vergesse doch nicht, daß es sich nicht um die Niederwerfung fremder Feinde, sondern um die wenn auch nach Anwendung äußerster Mittel erfolgte Auseinandersetzung mit früheren und künftigen Verbündeten und deutschen Stammesgenossen handelte.

Wenn die milde Behandlung Bayerns im Jahre 1866 der damaligen preußischen Politik entsprach, so kam im Jahre 1870 ein weiteres gewichtiges Moment hinzu. Bei dem Ausbruch des Kriegs mit Frankreich hatten die süddeutschen Regierungen getreu den Allianzverträgen ohne Zögern und Weiterungen wegen des casus foederis und der clausula rebus sic stantibus ihre Truppen zu den Heeren Preußens und der Staaten des Norddeutschen Bunds stoßen lassen und sie hatten, obwohl nicht organisiert und vorgeübt wie jene, als tapfere Soldaten ihre Pflicht getan. Namentlich die bayerischen Armeekorps leisteten wertvolle Hilfe. Ganz Deutschland stand im Felde gegen den auswärtigen Feind; eine Tatsache von größter Bedeutung auch für die politische Einigung und dem gesamten Ausland gegenüber. Während diese Truppen Schulter an Schulter mit den norddeutschen Alliierten den gemeinsamen Feind bekämpften, daheim ihren Regierungen politische Gestaltungen, die sie nicht selbst wünschten, aufzuzwingen, mußte dem ritterlichen Sinn des Königs von Preußen im höchsten Maße wider=

streben. Nicht durch Zwang, sondern durch freiwillige Entschließung aller sollte ein neues Deutsches Reich erstehen und in freundschaftlicher Verhandlung sollte erwogen und geprüft werden, wie dies in zu vereinbarenden Verträgen mit den außerhalb des Norddeutschen Bundes stehenden deutschen Regierungen geschehen könne. Delbrück sagte in seiner Rede im Norddeutschen Reichstag vom 5. Dezember 1870: „Die Initiative kam von Bayern. Die Bayerische Regierung gab im Laufe des September dem Bundespräsidium zu erkennen, daß die Entwicklung der politischen Verhältnisse, wie sie durch die kriegerischen Ereignisse herbeigeführt sei, nach ihrer Überzeugung es bedinge, von dem Boden der völkerrechtlichen Verträge, welche bisher die süddeutschen Staaten mit dem Norddeutschen Bunde verbanden, ab zu einem Verfassungsbündnis überzugehen." Es folgten noch im selben Monat die Münchener Besprechungen, zu welchen Delbrück die einzige Instruktion erhielt, „sich jeder Äußerung zu enthalten, welche auch nur im entferntesten als ein Druck auf die freien Entschließungen eines treuen und bewährten Alliierten ausgelegt werden könnte". Diesen für weiteres grundlegenden Besprechungen folgten nach wenigen Wochen, wie Delbrück weiter sagte, auf „gleichzeitige" Anregung der Regierungen von Württemberg und Baden die eigentlichen Vertragsunterhandlungen in Versailles, zu welchen auch Bayern eingeladen wurde.

Hier ist der Ort, daran zu erinnern, daß Bismarck aus Überzeugung dem Unitarismus nicht zuneigte.

Er hat es amtlich erklärt und vor und nach seiner Entlassung in Privatgesprächen wiederholt[11]). Gewiß wollte er ein festgefügtes, lebens- und entwicklungsfähiges,

mit den erforderlichen Befugnissen, namentlich auch zur
Wahrung der Sicherheit und Unabhängigkeit nach außen,
ausgestattetes Reich unter Preußens Führung mit einem
wirklichen Reichsoberhaupt an der Spitze. Den Sonder=
geist, der sich dem widersetzte und das Reich mehr nur
als ein notwendiges, im Interesse der Landeshoheit mög=
lichst in enge Grenzen einzuschränkendes Übel ansah,
verurteilte er als ungerechtfertigten, schädlichen Parti=
kularismus, dem entschieden und energisch entgegenzu=
treten Pflicht sei. Den Unitarismus aber hielt er für
widersprechend der germanischen Eigenart und Entwick=
lung. Deshalb verlieh er der Reichsverfassung ihren ent=
schieden bundesstaatlichen Charakter ohne ein Kaisertum
wie im Einheitsstaat, wo der Monarch zu allen Staats=
angehörigen im Verhältnis des Landesherrn zu Unter=
tanen steht. Die Reichsverfassung enthält ein gutes Teil
berechtigten Partikularismus, und wer es ernst mit der=
selben meint, muß bei allem nationalen Empfinden auch
Partikularist im guten Sinne des Wortes sein.

Bismarck verglich gerne das Reich mit einem statt=
lichen sicheren Gebäude mit vielen Wohnungen, in wel=
chem innerhalb der durch die Bauanlage und die Haus=
ordnung gezogenen Schranken jeder Bewohner sich so
einrichten könne, daß er sich wohl zu Hause fühle. Er
gehörte auch nicht zu denjenigen, die, indem sie sich da=
gegen verwahren, Unitarier zu sein, doch glauben, daß
das Reich der fortwährenden „Stärkung" durch Aus=
dehnung seiner Zuständigkeiten bedürfe auf die Gefahr
hin, daß den Einzelstaaten schließlich der Odem ausgeht
und sie aus Entkräftung zu einer eigenen staatlichen
Tätigkeit unfähig werden. Bismarck sah nicht alles Heil

nur in der Zentralisation und Uniformität, er wollte die
Einzelstaaten nicht zu Provinzen unter erblichen Statt=
haltern machen, sondern lebte aus Überzeugung des
Glaubens, daß zahlreiche Gebiete des staatlichen Lebens
ohne Schädigung des Ganzen der selbständigen Tätigkeit
der Einzelstaaten vorbehalten werden können und daß es
Aufgaben gibt, denen sie ebensogut oder besser als das
Reich gerecht zu werden im stande sind. Darüber, was
in einem Bundesstaate das Ganze nötig hat oder zum
allgemeinen Wohle besser selbst übernimmt und was den
einzelnen Bundesgliedern überlassen bleiben kann, können
die Meinungen sehr geteilt und verschieden sein und sie
können sich auch im Laufe der Zeit und der Entwicklung
im Sinne größerer Konzentration ändern. Davon ging
auch Bismarck aus. Von der während eines großen
Kriegs in Eile und Hast vereinbarten Verfassung nahm
er an, daß sie dem jungen Reiche gebe, was des Reiches
sein muß, und daß weiteres der Zukunft zu überlassen sei.
Handelte es sich dann später zur Zeit der Konsolidation
des Geschaffenen um die Frage, was die Einzelstaaten
für sich beanspruchen können, oder wo die Tätigkeit des
Reichs zu erweitern sei, so verhielt er sich loyal und
vertragstreu, anerkannte, daß man national gesinnt sein
und doch die verfassungsmäßige Selbständigkeit der
Einzelstaaten vertreten könne, vermied gern die Majori=
sierung und war auf Verständigung und Ausgleich be=
dacht. Die Vertreter der Einzelstaaten wußten, daß sie
an seine Anerkennung und Achtung ihrer Rechte appel=
lieren durften, und verhandelten mit niemand lieber als
mit ihm. Dabei war ihm trotz entschiedener Wahrung der
preußischen Führung jede Hervorkehrung spezifisch preußi=

schen Wesens fremd, er stellte das Reich über jeden Einzelstaat[12]) und sprach auch von preußischem Partikularismus, der sich nur anders betätige als in den übrigen Bundesstaaten. Durch und durch deutsch gesinnt, war er ein glücklicher Vermittler nord- und süddeutscher Art und erwarb sich im Süden mindestens gleich große Anerkennung und Sympathie wie im Norden.

Daß Bismarck viel daran gelegen sein mußte, Bayern für den freiwilligen Eintritt in einen gesamtdeutschen Bund zu gewinnen, ist sehr verständlich. Bayern, der zweitgrößte deutsche Staat, geht an Flächeninhalt, Bevölkerungs- und Truppenzahl den anderen süddeutschen Staaten erheblich vor, nahm in der deutschen Geschichte stets eine bedeutende Stellung ein und hatte ein entsprechendes Selbstbewußtsein; es konnte auch außerhalb eines deutschen Verfassungsstaats noch unbestimmt lange eine selbständige staatliche Existenz aufrecht erhalten und war zu einer sofortigen Entscheidung nicht gedrängt; für Deutschland blieb es stets ein wertvoller Alliierter und auch sonst in Europa hätte es ihm an Freunden und Beschützern, wenn auch nicht ungefährlicher Art, nicht gefehlt. Der entscheidende Moment für Deutschlands Einigung war jetzt gekommen, wurde er versäumt, so wußte man nicht, ob und wann er wiederkehren werde. Die gemeinsame glorreiche Kriegführung hatte patriotische Begeisterung auch in Süddeutschland hervorgerufen, der Ruf der Nation durfte nicht ungehört verhallen. Der schwere Kampf mit Frankreich war noch nicht zu Ende geführt, war vor Paris zu einem Stillstand gekommen, der Bismarck beunruhigte. Wechselfälle und eine Intervention der Neutralen waren nicht ausgeschlossen. Wenn irgend möglich, mußte vor dem Friedensschluß der neue deutsche Bund vollendete Tatsache sein. Blieb Bayern draußen, so war die Arbeit nur halb getan, der Norddeutsche Bund war durch Baden und Südhessen, vielleicht auch Württemberg vergrößert, Gesamtdeutschland war er nicht, Fremde konnten sich in die Gestaltung der unfertigen deutschen Verhältnisse einmischen, vielleicht eine andere Mainlinie ziehen wollen und das isolierte Bayern zum willkommenen Felde von allerlei Anzettelungen zu machen versuchen. Alles drängte zum baldigen Abschluß. Erwünscht war namentlich auch, daß derselbe noch vor dem bevorstehenden Zusammentritt des Norddeutschen Reichstags stattfinde, dessen Stellungnahme zu den Unterhandlungen mit Bayern möglicherweise ernste Schwierigkeiten bereiten konnte.

Daß Bayern eine bevorrechtete Stellung im neuen Bunde für sich beanspruchen werde, ließen schon die Münchener Besprechungen erkennen, und daß Bismarck diesem Gedanken nicht unzugänglich war, bewies sein nach Eintreffen der süddeutschen Bevollmächtigten in Versailles alsbald gemachter, von Bayern wie den übrigen Abgesandten akzeptierter Vorschlag zunächst gesonderter Vorverhandlungen Delbrücks mit je den Vertretern der einzelnen süddeutschen Regierungen. Daß Bismarck indes keineswegs gesonnen war, den hochgesteigerten Forderungen des Grafen Bray ohne weiteres zu entsprechen, vielmehr zeitig auch die Eventualität eines Abschlusses zunächst ohne Bayern in das Auge gefaßt hat, zeigt die folgende, meines Wissens noch nicht allgemein bekannte Tatsache.

Am 30. Oktober 1870 gegen 10 Uhr Abends erschien

Bismarck unangesagt in meiner Wohnung in Versailles,
um mir Mitteilungen über den Stand der Verhandlungen
mit Bayern zu machen und eine Frage an mich zu stellen.
Die Mitteilung bestand darin, daß Graf Bray unter
gleichzeitigem Anbieten der Kaiserwürde die bayerischen
Propositionen in zwölf Ziffern zusammengestellt, welche
der Kanzler mir verlas, übergeben habe, daß aber Bis=
marck diese Propositionen für unannehmbar halte, welche
Ansicht ich nur teilen konnte. Die Frage lautete, ob
Württemberg, dessen Vorschläge keinen Schwierigkeiten
begegnen, eventuell auch ohne Bayern abschließen würde.
Da meine Instruktion keine Beschränkung in dieser Be=
ziehung enthielt und die erwähnten Propositionen wesent=
lich nur auf Vorrechte Bayerns abzielten, bejahte ich die
Frage mit der Voraussetzung, daß auch unsere noch in
Bearbeitung meines Kollegen, des Kriegsministers von
Suckow, befindliche Militärkonvention einem Anstand nicht
begegne. Die weitere Frage Bismarcks, ob wohl auch
mein König sich würde bereit finden lassen, in der Kaiser=
frage die Initiative zu ergreifen, konnte ich nur dahin
beantworten, daß ich in dieser Frage, die Württemberg
gegenüber nie zur Sprache gebracht worden, ohne In=
struktion sei und eine solche persönlich würde einholen
müssen. Andern Tags suchte ich den Bayerischen Minister
von Lutz auf, mit welchem ich mich besser verstand als
mit dem Grafen Bray, und machte ihm mit dem Aus=
druck des Erstaunens über das bayerische Vorgehen Mit=
teilung von dem Vorgefallenen; er wollte von den Pro=
positionen Brays selbst nicht genau unterrichtet sein und
hielt sie jedenfalls nur für vorläufige Aufstellungen als
Grundlagen für weitere Verhandlungen. Diese aber

führten offenbar zu einem befriedigenderen Ergebnis nicht, denn als Delbrück nach Beendigung seiner Vorbesprechungen mit den Zivilbevollmächtigten von Württemberg, Baden und Hessen dieselben zu dem ersten und einzigen gemeinschaftlichen Zusammentritt am 6. November 1870 berufen hatte, teilte er mit, daß zum Bedauern seiner Regierung die bayerischen Bevollmächtigten der bei den Verhandlungen mit ihnen hervorgetretenen erheblichen Schwierigkeiten wegen nicht gleichfalls haben eingeladen werden können. Das Ergebnis der Konferenz vom 6. November war die Bundesverfassung, welche am 15. November 1870 zwischen dem Norddeutschen Bunde, Baden und Hessen vereinbart worden ist.

Am 9. November übersandte mein Kollege, der Kriegsminister, den von ihm ausgearbeiteten Entwurf einer württembergischen Militärkonvention an Roon und Bismarck, welche demselben sofort anstandslos zustimmten. Auf den 12. November waren wir, die württembergischen Bevollmächtigten, zu einer Schlußkonferenz mit Bismarck berufen. Derselbe vergewisserte sich zunächst meiner Zustimmung zur Militärkonvention, worauf wir ihm eröffnen mußten, daß ein in der vergangenen Nacht aus Stuttgart eingetroffenes Telegramm uns den Abschluß ohne Bayern verbiete und wir, um dieses unerwartete Hindernis rasch zu beseitigen, am anderen Tage nach Stuttgart zu reisen beabsichtigen, um möglichst bald nach Versailles zurückzukehren. Wir reisten am 13. November und trafen in Stuttgart ein am 15. An demselben Tage telegraphierte Bismarck aus Versailles, da die Berufung des Norddeutschen Reichstags auf den 24. November nicht verschoben werden könne, sei heute mit Baden und

Hessen in der vereinbarten Weise abgeschlossen worden. Wenn wir unmittelbar nach Berlin reisen wollten, könne unser Abschluß dort erfolgen. Wir reisten am 20. nach Berlin. Die württembergische Militärkonvention wurde am 21. von Roon in Versailles unterzeichnet und am 22. dort zur Post gegeben. Der Vertrag mit Württemberg wurde in Berlin am 25. November 1870 unterzeichnet. Am 23. hatte Delbrück, der Versailles am 17. November verlassen hatte, folgendes Telegramm von Bismarck aus Versailles erhalten: „Vertrag mit Bayern soeben unterzeichnet. Nachricht womöglich in der Eröffnungsrede aufzunehmen. Sonst bitte sie anderweit kundzumachen. Grundlage Verfassungsbündnis auf Basis wie Baden, Hessen, mit mehr Reservaten. Legislative außer Heimat durchgängig angenommen. Verwaltung in Telegraphie, Post, Militär reserviert." Bayern war also in den neuen deutschen Bund eingetreten unter Annahme nahezu des ganzen Inhalts der norddeutschen Bundesverfassung sowie zahlreicher, ohne Mitwirkung der süddeutschen Staaten erlassener Bundesgesetze, allerdings aber mit einigen nicht unwesentlichen Reservatrechten.

Ob diese letzteren den Bestand und die Entwicklung des Reichs, nachdem Bayern auch die Initiative zur Errichtung des Kaisertums ergriffen hat, zu schädigen geeignet waren und wirklich geschädigt haben, ist die Frage[13]).

Die Bayern eingeräumten Ehrenrechte können ohne Erörterung bleiben. Die Ausnahmestellung Bayerns in Absicht auf die Heimats- und Niederlassungsverhältnisse hat, soviel bekannt, zu besonderen Klagen nicht geführt. Auch die Selbständigkeit der bayerischen Post- und Telegraphenverwaltung ist keine entscheidende Frage für die Einheit des Reichs. Die bayerische Verwaltung schließt sich den Einrichtungen und Maßnahmen der Reichspostverwaltung möglichst an und würde, falls sie sich entschließen könnte, auch die Reichspostwertzeichen anzunehmen, die Hauptbeschwerde wegräumen, welche gegen getrennte Postverwaltungen im Reiche so oft erhoben wurde und auch in Zukunft nicht verstummen wird. Bedauerlicher sind die im Telegramm Bismarcks vom 23. November 1870 nicht erwähnten wesentlich beschränkenden Bestimmungen, unter welchen das Aufsichts- und Gesetzgebungsrecht des Reichs auf Bayern Anwendung findet. Die Verfassungsbestimmungen im Abschnitt „Eisenbahnwesen" sind indes unvollkommen und zeichnen sich durch Klarheit und Bestimmtheit nicht aus; namentlich wird die Nichtverwirklichung des Artikels 42 — Verwaltung der deutschen Eisenbahnen im Interesse des allgemeinen Verkehrs wie ein einheitliches Netz — auch in den übrigen Bundesstaaten beklagt. Werden erst diese Staaten zu größerer Einheitlichkeit im Eisenbahnwesen sich geeinigt haben, so wird die bayerische Verwaltung ihren Anschluß wohl oder übel suchen müssen auch ohne Verzicht auf ihre rechtliche Sonderstellung.

Beachtenswert ist, daß die bisher erwähnten Sonderrechte schon bei den Münchener Besprechungen im September 1870 von Delbrück zwar nicht förmlich zugesagt, aber unwidersprochen geblieben sind, so daß für die Unterhandlungen in Versailles in der Hauptsache nur die Bestimmungen über Heerwesen und Vertretung nach außen verblieben, zwei allerdings für die bundesstaatliche Gestaltung sehr wichtige Gebiete. Im Heerwesen wurden der Selbständigkeit der bayerischen Armee bedeutende

Einräumungen gemacht, wenn auch des Kaisers Oberbefehl im Kriege und Inspektionsrecht anerkannt wurden. Indes lauteten bisher die Äußerungen von der zuständigsten Stelle über Verfassung und Leistungen der bayerischen Truppen im Frieden so anerkennend, daß an der vollständigen Kriegstüchtigkeit der bayerischen Armeekorps nicht gezweifelt werden kann. Es ist auch nicht bekannt geworden, daß Graf Roon, ein Sachverständiger mit eigener Meinung, der die militärischen Verhandlungen an erster Stelle führte, gegen die bezüglichen Bestimmungen des Vertrags vom 23. November 1870 Einsprache erhoben hätte.

In Absicht auf die Vertretung nach außen ist das an sich nicht ungefährliche Gesandtschaftsrecht der Einzelstaaten kein bloß bayerisches Sonderrecht, wenngleich nur dieser Staat auch an den Höfen nicht verbündeter Mächte eigene Gesandtschaften unterhält. Von einer irgendwie bedenklichen Haltung eines bayerischen Gesandten einem fremden Hofe oder einem Reichsgesandten gegenüber hat man nie etwas gehört, so daß es sich mehr nur um ein Ehrenrecht und eine besondere Fürsorge für bayerische Staatsangehörige handelt.

Es bleibt der Bundesratsausschuß für die auswärtigen Angelegenheiten, bei welchem, weil er seiner Zeit das größte Aufsehen erregte und weil er auch jetzt noch immer wieder in Landtagen und in der Presse besprochen wird, ich etwas länger verweilen möchte.

Er verdankt seine Entstehung einzig und allein Bayern. Daß eine weitere Regierung dabei mitgewirkt hätte, ist mir nicht bekannt. Württemberg gegenüber kam seine Einsetzung niemals zur Sprache, weder in München noch in Versailles. In seinem Berichte an seinen König, Versailles 22. November 1870, führt Graf von Bray unter demjenigen, was sich in Beziehung auf die auswärtigen Verhältnisse von den bayerischen Unterhändlern erreichen ließ, die Einsetzung eines ständigen diplomatischen Ausschusses im Bundesrat unter bayerischem Vorsitz an, „welchem sämtliche auswärtige Angelegenheiten des Bundes zuzuweisen sind". Durch die an Bayern auf dem Gebiete der auswärtigen Politik gemachten Zugeständnisse sollte nach der Meinung des Grafen Bray „der Krone Bayern eine mittelbare Einflußnahme auch auf europäische Verhältnisse gesichert sein"[14]). Von anderer Seite wurde der diplomatische Ausschuß ein totgeborenes Kind genannt. Nach dem, was seit 1871 in demselben geschehen und nicht geschehen ist, wird man dieser letzteren Ansicht als der richtigeren sich zuneigen müssen. Die Regierung, welche mit dem Vorsitz betraut ist und diesen als eine Errungenschaft betrachtet hat, hat, obwohl sie eigene Gesandte im Ausland unterhält, dem Ausschuß Leben und Kraft einzuflößen nicht vermocht, weil er eben von Haus aus keine glückliche Schöpfung war.

Gegenüber der Prärogative, welche hinsichtlich der auswärtigen Angelegenheiten die Verfassung dem Kaiser zuweist, mußte ein Bundesratsausschuß für diese Angelegenheiten von Anfang an in einer sehr prekären Lage sich befinden. Auch verträgt sich die Natur und die gebotene Behandlungsweise der Beziehungen zu auswärtigen Staaten nur schwer mit ihrer Besprechung in einem Ausschuß, in welchem fünf Regierungen beliebig gewählte Bundesratsbevollmächtigte entsenden. Je größer die Zahl der Mitglieder ist und je ferner dieselben den auswärtigen Angelegenheiten stehen, umsomehr Vorsicht und Zurückhaltung wird dem Ausschuß entgegengebracht werden, und insofern hat die vom Bundesrat mit Zustimmung Bayerns beschlossene Erhöhung der Zahl von drei auf fünf Mitglieder[15]) eine Verbesserung nicht gebracht. Auch die Ausschließung Preußens vom Vorsitz und von der Mitgliedschaft im Ausschuß wirkte nicht günstig. Hätte Preußen auch in diesem Ausschuß wie in allen übrigen den Vorsitz, so würde es sich vielleicht verpflichtet gehalten haben, zu geeigneter Zeit dem Ausschuß Mitteilungen zukommen zu lassen; hat eine andere Regierung den Vorsitz, so kann abgewartet werden, ob diese den Ausschuß beruft, und sie kann hinwiederum ohne vorheriges Benehmen mit dem Reichskanzler mit der Berufung nicht vorgehen. Laband (Staatsrecht Bd. I S. 230) ist der Ansicht, Preußen habe den Vorsitz nicht übernehmen können, weil die dem Ausschuß zu machenden Mitteilungen dem Kaiser und König bereits bekannt seien. Abgesehen aber davon, daß der Kaiser die Ansichten der im Ausschuß vertretenen Regierungen nicht kennt, werden auch solchen Ausschüssen, in denen Preußen den Vorsitz führt, z. B. den Ausschüssen für das Landheer und die Festungen sowie für das Seewesen, mitunter Eröffnungen gemacht werden, die für den Kaiser Neues nicht enthalten. Laband sagt weiter, der Ausschuß könne nicht Beschlüsse des Bundesrats in auswärtigen Angelegenheiten vorbereiten; er diene lediglich zur Information der Bundesregierungen über den Stand der auswärtigen Politik und zur Diskussion dieser Politik. Ich bin der Ansicht, daß der diplomatische Ausschuß in denselben Beziehungen zum Plenum des Bundesrats steht, wie dessen übrige Ausschüsse. Ich wüßte nicht, was den Bundesrat hindern sollte, aus Anlaß der Beratung des Etats des Auswärtigen Amts oder wenn es sich um seine Zustimmung zur Kriegserklärung im Namen des Reichs handelt, den Ausschuß für die auswärtigen Angelegenheiten mit der Erstattung eines Berichts zu betrauen, und wenn die Bundesregierungen, nicht bloß die im Ausschuß vertretenen Regierungen, über den Stand der auswärtigen Politik informiert werden sollen, muß der Ausschuß dem Plenum über die ihm gemachten Mitteilungen und die nachgefolgte Diskussion berichten dürfen.

Im Norddeutschen Reichstag hat am 8. Dezember 1870 Delbrück den diplomatischen Ausschuß als den einfachsten und weniger weitläufigen „Ersatz" für die schon im Norddeutschen Bunde stattgehabten Mitteilungen in auswärtigen Angelegenheiten an die Einzelregierungen als den Mittelpunkt solcher Mitteilungen bezeichnet. Neuerdings wurde in einer süddeutschen Kammer gesagt, in der seit den 1870er Jahren üblichen Einrichtung der abschriftlichen Mitteilung von Gesandtschaftsberichten an die Einzelregierungen liege eine bessere Information, als sie gelegentlich dem Bundesratsausschusse gegeben werden könne. Um sich darüber ein Urteil zu bilden, müßte man die Grundsätze kennen, nach welchen das Auswärtige Amt bei der Auswahl der vielen von überall und weither einlaufenden Gesandtschaftsberichte für die Einzelregierungen verfährt. Die mitgeteilten Berichte sind gewiß recht lesenswert. Ob aber, wenn die Beziehungen zu einer oder mehreren benachbarten Großmächten sich trüben und bedenklich zu werden beginnen, das Auswärtige Amt es für tunlich und nützlich erachten wird, die hierauf bezüglichen diplomatischen Berichte abschriftlich hinauszugeben, wird bezweifelt werden dürfen; gerade die wichtigsten und interessantesten werden zunächst geheim gehalten werden müssen, und darüber kann die Zeit verstreichen, in welcher die Regierungen auf entscheidende Entschließungen der politischen Leitung vielleicht noch Einfluß üben könnten. Man kann dann vielleicht vor vollendeten Tatsachen stehen und nur noch über die Motive jener Entschließungen Auskunft erhalten. In wichtigen Fällen wird aber diese Auskunft nicht auf Regierungskreise beschränkt bleiben können, sondern vor die volle Öffentlichkeit gebracht werden müssen durch Mitteilungen im Reichstag oder in der Presse, sei es in der Form von Denkschriften oder in anderer Weise.

Im Jahre 1875 hat mir der Königlich Sächsische Minister von Friesen mitgeteilt, Bismarck habe in Versailles keinen diplomatischen Ausschuß gewollt, sondern eine Art Konferenzen mit den Ministern der Königreiche im Auge gehabt. Schließlich habe er erklärt, Bedingung für ihn sei, daß Preußen nicht im Ausschuß sei und daß nur die Minister der Königreiche Mitglieder seien. Wäre man auf jene Gedanken Bismarcks eingegangen, so hätte man von ihm in vertraulichen Besprechungen mehr erfahren als im diplomatischen Ausschuß, in welchem er nie erschienen ist. Bayern aber legte entscheidenden Wert auf eine vertrags- und verfassungsmäßige Einrichtung und auf seinen Vorsitz im Ausschuß.

Veranlaßt durch die im Frühjahr 1875 verbreiteten Kriegsgerüchte und die Tatsache, daß die Bundesregierungen ohne jede Information über die Lage blieben,

habe ich mich an den Reichskanzler in einem Privat=
briefe vom 7. Juni 1875 gewandt, in welchem ich auf
die Mängel eines solchen Zustandes hinwies und den
diplomatischen Ausschuß als ein vielleicht brauchbares
Mittel zur Verbesserung bezeichnete. Der Bayerische
Minister von Pfretzschner war von meinem Schritte
unterrichtet. Die Antwort Bismarcks vom 16. Juni
1875 war nicht ablehnend. Der diplomatische Ausschuß,
schrieb er, sei „bei allseitiger Richtigstellung seiner Be=
ziehungen zur Reichsgewalt und seiner Zusammensetzung
eine in hohem Grade nützliche Institution". Wenn er das
Recht hätte, ihn zu berufen, würde er es vor vier oder
sechs Wochen getan haben, um den Entstellungen der Gegner
des Reichs über die politische Lage entgegenzutreten.
Damit wolle er nicht sagen, daß er die gegenwärtige
Einrichtung des Ausschusses für ganz geeignet hielte,
derselbe wäre wohl einigen Reformen zu unterziehen.
Eine offene Aussprache über die Ziele und Maßnahmen
der Reichspolitik werde seinerseits mit Genehmigung des
Kaisers jedesmal ohne Anstand stattfinden, wenn sie den
leitenden Ministern der im diplomatischen Ausschuß
vertretenen Souveräne gegenüber erfolgen könne; es
würde sich nur um die Herbeiführung der Begegnung
handeln. Unter welchen Modifikationen der bestehende
Ausschuß dazu förderlich werden könnte, darüber werde
er gerne auf jeden Vorschlag erwägend eintreten. Nun=
mehr setzte ich mich mit Herrn von Pfretzschner in per=
sönliches mündliches Benehmen und benachrichtigte am
11. Juli 1875 den Fürsten, daß der Bayerische Minister
Anfangs August mit der brieflichen allgemeinen Bitte,
dem diplomatischen Ausschuß zum Leben zu verhelfen,

sich an ihn wenden werde, stellte mich auch zu einer etwaigen Besprechung zur Verfügung. Dieselbe fand am 20. und 21. August 1875 in Varzin statt, wohin der Fürst schon früher mich eingeladen hatte. Zuvor aber hatte am 12. August 1875 Herr von Pfretzschner folgendes an den Reichskanzler geschrieben: Mit hoher Wahrscheinlichkeit sei zu erwarten, daß bei den Verhandlungen des bevorstehenden Bayerischen Landtags auch der Tatsache, daß in den letzten Jahren der diplomatische Ausschuß vollständig geruht habe, Angriffe und Vorwürfe gegen die Regierung und speziell den Minister werden abgeleitet werden, wobei die Gegner im Landtag die dankenswerte Einrichtung der Depeschenmitteilungen als genügenden Ersatz für die Verfassungsbestimmungen nicht gelten lassen werden. Diese Schwierigkeit der inneren Lage veranlasse den Minister, der Erwägung des Kanzlers vorerst in privativer Weise anheimzugeben, in welcher Weise wohl der Ausschuß fernerhin zu einer entsprechenden Wirksamkeit gebracht werden könne. Mit Detailvorschlägen dürfe der Minister nicht vorgreifen, gewiß werde es möglich sein, sich über Modalitäten zu verständigen, welche geeignet sein könnten, eine gedeihliche Wirksamkeit des Ausschusses ins Leben zu rufen. Auf eine allseitig befriedigende Lösung dieser Angelegenheit werde auch vom König ein besonderes und hohes Gewicht gelegt.

In Varzin sagte mir der Fürst, welchen die Berufung auf den Bayerischen Landtag nicht angenehm berührt hatte, über den Gegenstand folgendes: Es sei eigentlich „kindlich", von ihm Vorschläge für einen Ausschuß zu erwarten, der, weil mit dem Monopol des Kaisers in aus=

wärtigen Angelegenheiten sich berührend, in keinem guten
Rufe stehe und dem namentlich auch der im Reichstag
vertretene Unitarismus abgeneigt sei. Er, der Kanzler,
erblicke allerdings in der Unität nicht das politische
Ideal. Einheit im Heerwesen und in der äußeren Poli=
tik, letztere nicht ohne Kontrolle durch die Verbündeten,
genügen ihm. Anderes könne verschieden sein. Im diplo=
matischen Ausschuß unter dem Vorsitz Bayerns könne
der Reichskanzler nicht erscheinen und die leitenden
Minister müßten selbst kommen. Sie könnten ihm als
Zeugen und Eideshelfer dienen, so wie das englische
Parlament die englische Politik unterstütze. Machen
könne man diese Politik, die wie ein Kaleidoskop sei,
nicht gemeinsam, aber Mitteilungen zu machen, vielleicht
in Quartalsessionen, würde ihm ganz erwünscht sein.
Ein Blaubuch vorzulegen wäre freilich unzweckmäßig;
entweder man sage darin nicht alles oder nicht die Wahr=
heit, oder die Veröffentlichung sei nicht möglich. Zum
Gegenstand einer Diskussion in der bayerischen Abgeord=
netenkammer sollte der Ausschuß nicht gemacht werden;
die Gegner könnten sonst alles weitere im voraus un=
möglich machen. Bei ihrem nächsten Zusammentreffen
in Berlin könnten die leitenden Minister eine Unter=
redung mit Bismarck verlangen und dabei ihre Wünsche
aussprechen. Damit könnte weiteres eingeleitet und der
Ausschuß vielleicht einmal einberufen werden. In dieser
Weise werde er Pfretzschner antworten, natürlich ohne
Vorschläge zu machen, da die Initiative dem Bayerischen
Minister zukomme. Dem Königlich Sächsischen Minister
von Friesen könne ich von dem Briefwechsel Kenntnis
geben.

Am 27. August 1875 schrieb sodann Bismarck an Pfretzschner folgendes: Der Frage des diplomatischen Ausschusses würde er bereitwillig näher treten, sobald sich Gelegenheit biete, sie mit dem Bayerischen Minister und anderen Kollegen vertraulich und mündlich zu erörtern. Schriftliche und zu weiterer Besprechung geeignete Vorschläge könne er seinerseits nicht machen. Daß die Frage im Bayerischen Landtag mit Erfolg gegen die Bayerische Regierung würde ausgebeutet werden können, glaube er kaum. Auf der anderen Seite würde geltend gemacht werden können, daß die Verfassung dem Ausschuß für die auswärtigen Angelegenheiten keine andere Aufgabe stelle als den übrigen Ausschüssen, das heißt die der Berichterstattung, welche der Bundesrat über die aus dem Geschäftskreise des Ausschusses an ihn gelangenden Vorlagen und Anträge erfordere. Diese Aufgabe trete in ihrer vollen Wichtigkeit zu Tage im Falle der Kriegserklärung, der bisher nicht vorgelegen habe, sie könne auch bei Verträgen mit fremden Staaten[16]), welche sich auf Gegenstände beziehen, die in den Bereich der Reichsgesetzgebung gehören, an den Ausschuß herantreten, es seien aber bisher Verträge mit dem Ausland wesentlich nur über solche Gegenstände zur Beschlußnahme gelangt, in Betreff deren die Verfassung auf Bayern keine Anwendung finde. Zu besorgen sei auch, daß eine Diskussion im Landtag die Majorität des Reichstags mißtrauisch machen würde gegen jede über das im Wortlaut der Verfassung gegebene Maß hinausgehende Beteiligung des Ausschusses an auswärtigen Geschäften[17]).

Im Winter 1875 trafen Pfretzschner, Friesen und ich bei den Bundesratssitzungen zusammen. Über eine Besprechung zwischen uns am 1. Dezember 1875 habe ich mir die Notiz gemacht, Pfretzschner habe hauptsächlich einen Erfolg bei seinem Landtag durch Aktivierung des Ausschusses im Auge, während Friesen und ich den Ausschuß mehr beiseite lassen und den sachlichen Erfolg periodischer Ministerbesprechungen erstreben würden. Am 2. Dezember 1875 lud Bismarck uns drei zu einer Besprechung bei sich ein. Er sprach zunächst von einem schweren Ärger, den er gehabt, weil bei der Abreise Gortschakows kein geheiztes Saloncoupé bereitgestellt gewesen sei. Der Beamte des Handelsministeriums habe noch auf eine Anzeige gewartet. „Keine Initiative! Geschäfte behandelt wie Treibholz. Derjenige, bei dem es angeschwemmt komme, stoße es weiter." Dann wandte er sich an Pfretzschner mit der Frage: Nun, was wollen Sie mit Ihrem Ausschuß machen? Auf die Verwahrung Pfretzschners gegen das „Ihrem" erwiderte Bismarck: Es ist doch eine bayerische Stipulation[18]). Nach einer längeren Auseinandersetzung des bayerischen Ministers sagte Bismarck, mit dem Ausschuß sei nichts zu machen, man müsse ihn lassen, wie er in der Verfassung stehe. Der Minister lasse in der Bayerischen Kammer dem Ausschuß eine Wichtigkeit und Bedeutung beilegen (wie einem diplomatischen Hofkriegsrat oder Generalstab), die er nicht habe; er hätte der Kammer sagen können, die Berufung des Ausschusses sei ein Recht der Bayerischen Krone. Pfretzschner kam nun auf Ministerkonferenzen zu reden und wünschte eine Zusicherung solcher durch den Kanzler, „von der man reden könne". Etwas erregt erwiderte Bismarck, eine solche Zusicherung könne er nicht geben, sie wäre mit der Verfassung nicht vereinbar. Dann er=

klärte er einlenkend, in der Sache sei er ja bereit, und er selbst habe in der Aufregung über den Kriegslärm im Frühjahr sich gefragt: Kann man nicht aus dem diplomatischen Ausschuß etwas machen oder Minister= konferenzen einrichten? Das Resultat seiner Sommer= erwägungen sei: die auswärtigen Minister, welche ja durch die preußischen Gesandten metallographierte Ge= sandtschaftsdepeschen erhalten, sollen Auskunft verlangen über die sie oder die Souveräne interessierenden Fragen, entweder durch die preußischen Gesandten oder durch ihre in Berlin beglaubigten Gesandten; er werde die gewünschte Auskunft geben, wenn nicht ein ganz beson= derer Ausnahmefall vorliege, einem in Berlin beglau= bigten Gesandten natürlich nur dann, wenn er nicht zum „diplomatischen Europäertum" gehöre. Solche Verlangen seien das punctum saliens; zu seinem Erstaunen seien sie aus zu weitgehender Diskretion nie gestellt worden. Welche Depeschen zu metallographieren und mitzuteilen seien, bezeichne Bülow vielleicht mit zu großer Ängst= lichkeit, er, der Kanzler, könne gar nicht alle Depeschen lesen; von Depeschen wie über südamerikanische Ver= hältnisse nehme er an, daß man sie dem Kollegen Han= delsminister wegen der handelspolitischen Beziehungen ohne Unterschrift des Agenten mitteile.

Sodann sei er ja auch bereit, den Ministern einzeln oder zusammen persönlich und mündlich jede gewünschte Auskunft zu geben; sie dürften nur öfter nach Berlin kommen. Von solchen Besprechungen, die er sehr gern auch auf die innere Reichspolitik ausdehnen würde, brauche man ja nicht zu sprechen. Den Bundesratssitzungen regel= mäßig anzuwohnen, sei er durch seine Gesundheitsverhält=

nisse verhindert; Kommen in einzelne Sitzungen errege Aufsehen, auch habe er den Faden verloren.

Sodann gab der Fürst eine umfassende Darlegung der äußeren politischen Lage.

Im Herbst 1879 kam der Reichskanzler auf den Gedanken, den diplomatischen Ausschuß für seine Politik nutzbar zu machen, zurück. Er hatte mit dem Grafen Andrassy bei einer Zusammenkunft in Gastein am 27. und 28. August über den Abschluß eines Defensivbündnisses zwischen dem Deutschen Reich und Österreich-Ungarn gegen einen Angriff Rußlands auf einen der beiden Teile vorläufig sich verständigt. Kaiser Wilhelm aber war am 3. September zu einem Besuch bei dem Kaiser von Rußland gereist. Am 20. September reiste Bismarck von Gastein nach Wien, wo er in den Tagen vom 21. bis 24. September 1879 mit dem Grafen Andrassy das Schutzbündnis mit Österreich abschloß. Der Kaiser von Österreich war einverstanden. Die Zustimmung des Kaisers Wilhelm zu dem Vertragsentwurf aber konnte Bismarck schließlich nur nach Stellung der Kabinettsfrage erlangen.

Am 8. Oktober 1879 traf der Württembergische Gesandte in Berlin, Freiherr von Spitzemberg, in Stuttgart ein, um mir persönlich und mündlich den Wunsch des Kanzlers nach einem Zusammentritt des diplomatischen Ausschusses zu übermitteln. Am gleichen Tage reiste ich nach München, um mich mit Pfretzschner zu besprechen. Dieser war bereit, dem Wunsche nachzukommen, und schrieb dies dem Fürsten am 9. Oktober, zuvörderst hielt er es aber für nötig, seinen Referenten aus Urlaub zurückzurufen. Am 12. telegraphierte mir Pfretzschner, er habe vom Kanzler ein zustimmendes Telegramm erhalten, mit dem

Anfügen indes, daß Bismarck aus Rücksicht auf seine Gesundheit selbst nicht anwohnen könne. Graf Stolberg sei vollständig informiert. Am 13. erhielt ich von München die telegraphische Einladung zur Ausschußsitzung am 16. Als wir in Berlin eintrafen, befanden wir uns der vollendeten Tatsache gegenüber, da Graf Stolberg die Zustimmung des Kaisers aus Baden überbracht hatte.

In der Ausschußsitzung machte im Namen des Reichskanzlers Graf Stolberg eingehende mündliche, vertrauliche Mitteilungen über die Beziehungen zu Rußland und Österreich-Ungarn, die durch Rußland herbeigeführte Notwendigkeit, sich für oder gegen zu entscheiden, die Gründe, welche für eine Verbindung mit Österreich sprachen, die Reise des Kanzlers nach Wien, und die Redaktion eines von Bismarck und Andrassy am 24. September 1879 unterzeichneten Memorandums daselbst; er verlas dieses Schriftstück sowie den Entwurf eines darauf bezüglichen Erlasses an die deutsche Botschaft in Petersburg und betonte nachdrücklichst den friedlichen und defensiven Zweck des Abkommens. Bei dem vertraulichen Charakter dieser Mitteilungen hielt Stolberg eine Berichterstattung des Ausschusses an das Plenum nicht für zulässig und auch der Vorsitzende von Pfretzschner war der Meinung, daß der Ausschuß zu weiteren Schritten nicht veranlaßt sei.

Am 11. Juli 1900 fand ein Zusammentritt des Ausschusses aus Anlaß der Ereignisse in China statt. Der Reichskanzler Graf von Bülow verlas ein darauf bezügliches die bisherige und künftige Haltung der deutschen Politik darlegendes Exposé mit dem Anfügen, daß dasselbe unverzüglich in der Form eines Zirkularschreibens sämtlichen Bundesregierungen zugehen werde. Dies geschah, und der Inhalt ging sofort auch in die Presse über. Ob unter diesen Umständen die Berufung des Ausschusses geboten war, kann gefragt werden.

Für nicht geboten wurde sie erachtet in der venezolanischen Frage, über welche dem Bundesrat und dem Reichstag Denkschriften vom Reichskanzler mitgeteilt wurden.

Nach dieser geschichtlichen Darlegung wird zugegeben werden müssen, daß der Ausschuß, wenn überhaupt eine Rolle, so doch jedenfalls keine gefährliche oder auch nur für die politische Leitung unbequeme gespielt hat[19]), und so wird es voraussichtlich auch bleiben.

Der Vertrag mit Bayern vom 23. November 1870 hat Mängel und würde heute unter dem günstigen Einfluß des längeren Zusammenlebens im Reiche in derselben Weise nicht wieder abgeschlossen werden. In der Anwendung hat er sich weit weniger bedenklich erwiesen, als bei seinem ersten Bekanntwerden befürchtet wurde.

Die Bayerische Regierung war so klug und national gesinnt, Hindernisse nicht zu bereiten, sondern wo immer möglich mit der führenden Macht sich zu verständigen und zusammenzugehen und bei allem Festhalten an ihren Reservaten auch auf diesen Gebieten dem Fortschritt und der Weiterbildung, welche im Reiche sich vollzogen, aus freien Stücken sich anzuschließen. Der beste Beweis dafür, daß Bismarcks Politik des Entgegenkommens Bayern gegenüber richtig und durch die Verhältnisse gegeben war, ist die Tatsache, daß seine Amtsnachfolger an derselben bis zur Stunde festgehalten haben. Noch jetzt ist wie zur Zeit der Reichsgründung Bayern als der nach Preußen bedeutendste Bundesstaat bevorrechtet und bevorzugt, von

Berlin auf das rücksichtsvollste behandelt. Und als in der Bayerischen Kammer der Reichsräte am 10. Dezember 1903 der frühere leitende Minister Graf von Crailsheim die reichstreue Politik Bayerns während seiner Amtsführung hervorhob und das verständnisvolle Entgegenkommen des großen Kanzlers wie seiner Amtsnachfolger rühmte, vor einer Politik der Majorisierung Preußens im Bundesrat warnte und bemerkte, der jetzige Minister werde bei seinem Besuche in Berlin den Eindruck nicht bekommen haben, daß es notwendig sei, dem Einfluß Bayerns noch etwas hinzuzufügen, erwiderte Freiherr von Podewils, die Bayerische Regierung werde künftig so wenig als bisher ihre Politik auf eine Majorisierung Preußens richten, vor einer solchen Annahme sei das Ministerium auch bei den maßgebenden Stellen im Reiche vollkommen sicher, wo man das feste Vertrauen zu dem Ministerium habe, daß das gute Verhältnis unter den Bundesstaaten dasselbe bleibe.

Im nachstehenden folgen Auszüge aus Notizen, welche ich unmittelbar oder ganz kurz nach verschiedenen Unterredungen mit Bismarck niedergeschrieben habe.

Unterredungen mit Bismarck

Besuch in Kissingen.
25. und 26. August 1893.

Ich hatte den Fürsten seit drei Jahren nicht gesehen. Einen Brief, Berlin, 23. März 1890, hatte er mit den Worten geschlossen: „Ich hoffe, Sie vergessen den Weg nach Friedrichsruh nicht und werden den Freund, auch wenn er nicht mehr Kollege ist, mit Ihrem Besuche dort erfreuen." Über zwanzig Jahre lang war ich im Bismarckschen Hause, in und außer Berlin, auf das gastlichste und liebenswürdigste empfangen worden und hätte es wirklich für wenig anständig gehalten, nun, wo Bismarck nicht mehr der viel umworbene mächtige Reichskanzler war, mich zurückzuziehen. Ich stattete deshalb von Berlin aus, und zwar nicht etwa heimlich, am 17. Mai 1890 einen Besuch in Friedrichsruh ab, wobei, wie ich ausdrücklich bemerke, der Fürst bei seinen Äußerungen und ausführlichen Mitteilungen über seine Entlassung die Rücksicht auf meine Stellung als aktiver Minister eines Bundesstaates und Mitglied des Bundesrats nicht einen Augenblick vergaß. In Kissingen hatte ich den Fürsten schon einmal — während seines Badeaufenthalts im Jahre 1878 — aufgesucht, und als nun 1893 der Fürst wieder nach Süddeutschland kam, hielt ich es für angezeigt, bei ihm anzufragen, ob mein Besuch in Kissingen erwünscht wäre, was bejaht wurde. Die Abrede über die Zeit des Besuchs wurde getroffen vor der Ansprache des Fürsten an die Thüringer (20. August). Die Ansprache an die Frankfurter (27. August) erfolgte nach meinem Besuche. Die Vermutung in der Presse[20]), ich habe damals den Fürsten von einem Besuche in Stuttgart abhalten wollen, ist unzutreffend, ich habe von einer solchen Absicht des Fürsten, die er mir nicht vorenthalten hätte, nie etwas gehört und in Kissingen wurde davon kein Wort gesprochen. Mein Besuch hatte einen rein persönlichen und freundschaftlichen Charakter, fern von jeder politischen Demonstration oder Stellungnahme, die zu einer Zeit, wo der Besuch des Kaisers in Württemberg bevorstand, auch sehr unangebracht gewesen und von meinem König, der selbstverständlich von meinem Besuch wußte, nicht zugelassen worden wäre. Den Reichskanzler, Grafen Caprivi, habe ich zudem in einem Schreiben aus Kissingen vom 26. August von meinem Besuche bei Bismarck in Kenntnis gesetzt. Daß der Fürst auch von politischen Dingen sprechen werde, war vorauszusehen; ich hielt es aber bei der Eigenart Bismarcks für verfehlt, daß solche, die ihm früher nahe standen und denen gegenüber er sich auszusprechen pflegte, sich nun zurückzogen und ferne hielten. Bei seinen Ansprachen an Massenbesuche führte der Fürst allein das Wort, bei Gesprächen mit alten Bekannten hörte er auch andere, und wenn es glückte, beruhigend und versöhnend auf ihn zu wirken, so war das ein verdienstliches Werk. Daß Bismarck nicht grollend und unversöhnt aus dem Leben scheiden möge, war ja ein weitverbreiteter Wunsch, der nicht lange hernach durch des Kaisers hochherziges Entgegenkommen Erfüllung fand.

Am 25. August 1893 Nachmittags in Kissingen angekommen, fand ich vor dem Hotel, in dem ich Wohnung bestellt hatte, schon einen königlich bayerischen Hofwagen halten, der mich nach einer Viertelstunde in die obere Saline brachte. Ich fand den Fürsten seit 1890 etwas gealtert, aber geistig frisch und lebhaft, sehr gesprächig und eines Hörers bedürftig. Nach anderthalbstündiger Unterredung begleitete ich den Fürsten auf seiner regelmäßigen Spazierfahrt, wobei ich mich von den außerordentlichen Huldigungen überzeugte, welche ihm die Kurgäste bereiteten. Vor dem Hoftor der Saline harrten bei der Durchfahrt des Wagens zahlreiche Hochrufende und auch unterwegs grüßte und rief jeder einzelne Begegnende; auch Bukette wurden überreicht[21]). Der Fürst dankte stets auf das verbindlichste und schien durch die Kundgebungen erfreut. Er sagte, je mehr die oberen Regionen von ihm kühl sich abwenden, desto mehr erwärmen sich für ihn die Massen, er zahle mit derselben Münze zurück, und da seine Besucher etwas Politisches von ihm hören wollen, rede er vor ihnen, ohne übrigens die Gelegenheit zu suchen, als unabhängiger freier Privatmann. Persönlich wäre es freilich angenehmer, unpopulär zu sein. Denn in Kissingen sei er auf Schritt und Tritt begleitet und jeder glaube das Recht zu haben, ihn anzusprechen.

Auch nach dem abendlichen Diner, zu dem kein weiterer

Gast geladen war, sprach der Fürst, seine Pfeife rauchend, noch manches am Kaffeetisch, an dem auch die Fürstin Platz nahm.

Am anderen Tag, den 26. August, sprach ich den Fürsten noch vor der Frühstückstafel, zu welcher noch ein früherer Bekannter des Bismarckschen Hauses geladen war und während welcher wieder verschiedene Bukette mit Visitenkarten von Kurgästen abgegeben wurden. Der Fürst, der schon Tags zuvor hie und da die Hand vor das Gesicht gehalten und von einem Anfall im Bad gesprochen hatte, klagte sehr über seine Gesundheit und genoß wenig; es komme ihm sehr ungelegen, daß er am Tag darauf die Frankfurter begrüßen müsse. Früh am Nachmittag reiste ich ab.

In seinen Auslassungen fand ich den Fürsten weniger ruhig und bitterer als im Mai 1890. Er beschwerte sich über seine „Boykottierung", seine früheren besten Freunde wenden sich von ihm ab und meiden ihn. Besonders gereizt sprach er über die Vorkommnisse bei seinem Besuch in Wien im Juni 1892; obwohl er sich ganz korrekt durch den Deutschen Botschafter habe anmelden lassen, sei er für den Wiener Hof nicht vorhanden gewesen. Graf Kalnoky habe ihm Näheres mitgeteilt. Er habe den Gedanken gehabt, Caprivi, der die bekannten Erlasse unterzeichnet habe, zu fordern, sei aber davon wieder abgekommen. Seitdem habe er aber auch auf Caprivi keine Rücksicht mehr genommen. Derselbe sei in Europa ungekannt und habe deshalb nicht das nötige Vertrauen. Seine Polenpolitik gefährde unsere Beziehungen zu Rußland, wo die Begünstigung der Polen halb als Drohung, halb als Beleidigung empfunden werde. Auch wisse er nicht, ob ein schützender Vertrag mit Rußland, der zur Zeit seiner Entlassung abgelaufen, erneuert wurde. Der Hauptvorwurf, den der Fürst der Amtsführung Caprivis machte, war, daß er nicht die gebotene Fühlung unterhalte mit dem Preußischen Staatsministerium, in dem sachkundige und hervorragende Männer sitzen, wie Miquel, vielleicht unser erster parlamentarischer Redner, an dem er nur aussetze, daß er nicht vom Leder ziehe und die Zurücksetzung des Preußischen Staatsministeriums und des Preußischen Finanzministers sich gefallen lasse.

Bei seinen Bemerkungen über die innere Lage betonte Bismarck wiederholt, daß „ein tüchtiger Ruck nach links" eingetreten sei. Er hob die Notwendigkeit hervor, daß alle berufenen Faktoren, Bundesrat, Reichstag, Landtage, das Regiment im Reiche genau kontrollieren. Der Reichskanzler, welcher die preußischen Stimmen im Bundesrat instruiere, dürfe nichts tun, wozu er nicht als Preußischer Minister der Zustimmung des Preußischen Staatsministeriums sich versichert habe oder sich sicher halten könne. Ich meinte, daß in letzterer Annahme der Reichskanzler sich geirrt habe, könnte unter vielleicht veränderten Umständen später erst sich herausstellen, weshalb ich der württembergischen Einrichtung den Vorzug geben möchte, wonach nicht der Minister des Äußeren als solcher die Bundesratsbevollmächtigten instruiere, vielmehr die Instruktionen für die Bundesratsbevollmächtigten der Beschlußfassung des Staatsministeriums unterstellt werden.

Ich ergriff sodann die Gelegenheit, gegenüber dem Wunsche Bismarcks, die Bundesstaaten, welche im Bundesrat in der Minderheit geblieben seien, sollen im Reichstag ihre abweichende Ansicht zur Geltung bringen, zu bemerken, dies dürfte doch nur in seltenen Fällen geschehen, da auf die Einigkeit unter den Regierungen gerade in jetziger Zeit der größte Wert zu legen sei, und wenn die Regierungen im Reichstag sich befehden würden, dies doch die Geschäfte der grundsätzlich opponierenden Parteien machen oder fördern hieße. Auch könnten die betreffenden Regierungen in unerwünschte nähere Beziehungen zu den Reichstagsfraktionen kommen, die denselben abweichenden Standpunkt einnehmen. Es werden deshalb in den weitaus meisten Fällen und Fragen die Regierungen besser daran tun, unter sich im Bundesrat sich auseinanderzusetzen. Was sodann die Befassung der Landtage mit Reichsangelegenheiten betreffe, woran der Württembergische Landtag es nicht fehlen lasse, so könne dieselbe nur zu leicht auf Kosten des Reichstags, der berufenen Volksvertretung im Reich, geschehen. Daß die Regierungen ihren Landtagen für ihr Verhalten in Reichsangelegenheiten verantwortlich seien, wolle ich nicht in Abrede ziehen. Aber welch geminderte Bedeutung käme den Verhandlungen und Beschlüssen des Reichstags zu, wenn zuvor in denselben Fragen die Landtage von Preußen, Bayern u. s. w. übereinstimmende Beschlüsse gefaßt und ihre Regierungen vinkuliert hätten, so daß das öffentliche Interesse erschöpft und der Reichstag vor eine vollendete Tatsache gestellt wäre? Und wie stünde es um die Ausschuß- und Plenarverhandlungen und Beschlüsse im Bundesrat, wenn zuvor die Regierungen in parlamentarischen Versammlungen sich festgelegt und ihre Entschließungen vor der Öffentlichkeit kundgegeben hätten?

Bevor eine Regierung im Bundesrat von dem Standpunkt der übrigen Regierungen Kenntnis erhalten und deren Auffassungen und Gründe erfahren hat, sollte sie es nach meiner Meinung stets ablehnen, im Landtag über ihr voraussichtliches Verhalten in einer den Organen des Reichs vorliegenden Sache bestimmte und in Einzelheiten eingehende, sie bindende Erklärungen abzugeben. Auch die Abgeordneten zum Reichstag und zum Landtag können in eine eigentümliche Lage kommen, da sie doch nicht auf Grund der Landtagsverhandlungen so, und auf Grund der Reichstagsverhandlungen anders stimmen können. Darauf erwiderte der Fürst, der ruhig zugehört hatte: daran, daß in Reichsangelegenheiten die Landtage vor der Verhandlung im Reichstag Beschlüsse fassen sollen, denke er nicht, aber ex post sollen sie ihre Regierungen zur Rechenschaft ziehen wegen ihrer Abstimmungen im Bundesrat[22]).

Über seine Beziehungen zur Presse, die sehr übertrieben werden, sagte Bismarck, daß er den Redakteur der Hamburger Nachrichten monatlich vielleicht einmal sehe.

Während der gemeinsamen Spazierfahrt äußerte Bismarck ziemlich unvermittelt und ohne Veranlassung von meiner Seite: die Leute sprechen immer von „Versöhnung"; er sei froh, daß ein in dieser Richtung von einem hohen Herrn unternommener Versuch nicht zum Ziele geführt habe; er lebe ganz frei und unabhängig, brauche auch seine Uniformen nicht im stande zu erhalten; würde eine Annäherung stattfinden, so würde man ihn, wenn er abweichende Meinungen ausspreche, undankbar nennen. Machen ließe es sich übrigens leicht;

der Kaiser komme oft in seine Nähe; würde man es ihn amtlich wissen lassen, so würde er es für seine Pflicht halten, sich bei ihm zu melden.

Diese Äußerungen berichtete ich nicht bloß meinem König, sondern teilte sie auch im September 1893 sowohl dem Reichskanzler Grafen Caprivi als dem damaligen Preußischen Gesandten in München, späteren Botschafter und Fürsten zu Eulenburg, welche mit dem Kaiser nach Stuttgart gekommen waren (14. bis 16. September), mit. Beide verhehlten mir nicht, daß sie meine Reise nach Kissingen angesichts der öffentlichen Reden Bismarcks nicht opportun gefunden haben. Caprivi äußerte das Bedenken, Bismarck könnte eine von der anderen Seite kommende Annäherung schließlich doch ablehnen, während Eulenburg den Gründen, welche ein Eingehen auf die Anregung Bismarcks erwünscht erscheinen ließen, sich nicht verschloß. Ich habe Grund anzunehmen, daß in den Unterredungen, welche damals der König mit Caprivi und Eulenburg gehabt hat, die angeführten Äußerungen Bismarcks gleichfalls zur Sprache gekommen sind.

Bekannt ist, daß zur Freude weiter Kreise am 26. Januar 1894 Bismarck einen Gratulationsbesuch am kaiserlichen Hofe in Berlin abgestattet und am 19. Februar 1894 den Besuch des Kaisers in Friedrichsruh erhalten hat.

Besuch in Varzin.
20. bis 22. August 1875.

Zum Besuche in Varzin im Sommer 1875 hatte mich Bismarck durch den Württembergischen Gesandten in Berlin,

Freiherrn von Spitzemberg, einladen lassen[23]), der wie
seine Gattin im Bismarckschen Hause gerne gesehen und
ein Jugendfreund von mir war. Von der Enthüllung
des Hermanndenkmals bei Detmold kommend, traf ich
am 20. August in Varzin ein. Der Fürst klagte über
Mattigkeit, zeigte sich indes in der Unterhaltung sehr
frisch und mitteilsam. Nach der Tafel Abends sprach er
zunächst über die auswärtigen Beziehungen. Der Kaiser
von Rußland sei ein Mann, der Wort halte, und zu stolz
und bequem, um unwahr zu sein; er bilde sich ein, Bis=
marck wolle den Dienst seines kaiserlichen Herrn verlassen,
während für ihn — den Kanzler — nur die Gesundheit in
Betracht komme, wobei es ein aufreibendes Moment sei,
daß Kaiser Wilhelm neben dem seinigen auch des Rats
fürstlicher und anderer Personen sich bediene. Man habe
nicht zu befürchten, daß Kaiser Alexander von der Freund=
schaft für Deutschland abgebracht werden könnte. Rußland
und Deutschland haben keine widerstreitenden Interessen,
ersteres wolle kein deutsches, letzteres kein russisches Land,
und Rußland brauche einen soliden und mächtigen Bundes=
genossen wie Deutschland. Gortschakow denke vielleicht
anders, auf seine Meinungen aber habe der Kaiser großen
Einfluß. An dem falschen Kriegslärm im Frühjahr seien
hauptsächlich schuld der französische Botschafter in Berlin
und Orloff in Paris. Ersterer sei unter einem Vorwand
nach Petersburg gereist und habe dort Frankreich als
schwer bedroht dargestellt, letzterer habe aus Paris so
berichtet, wie es Gortschakow angenehm gewesen. Dieser
habe gerne die Rolle eines Friedensengels vor Europa
gespielt und schließlich den Kaiser glauben gemacht, wir
wollen Krieg anfangen. Wozu? aus Furcht vor der

Zukunft? Das sei, wenn man den Gegner immer stärker werden sehe, vom militärischen Standpunkt aus erklärlich, er, der Kanzler, würde, wenn der vielleicht später zu führende Krieg noch vermieden werden könne, denselben nicht vom Zaune brechen. In den falschen Lärm haben sich auch hochstehende Frauen gemischt, so die Königinnen von England und von Holland. Englands Verhalten, das den Mächten zur Aufrechterhaltung des Friedens seine ganze Macht zur Verfügung gestellt habe, sei einfach lächerlich gewesen. In Paris sei der Kriegslärm erwünscht gewesen, um eine ganz beträchtliche Verstärkung der Armee durchzusetzen.

Natürlich habe auch die Presse das Ihrige beigetragen. Die deutsche Presse sei eine große Unbequemlichkeit für die auswärtige Politik. Die englische und die französische Presse machen viel weniger in auswärtiger Politik, die deutsche Presse beschäftige sich vorzugsweise damit, weil der Deutsche vor dem, was auswärts geschehe, noch einen zu großen Respekt habe. Sodann leiste die Diplomatie in Berlin Erstaunliches in der Presse. Jede Botschaft, jede Gesandtschaft habe ihre Verbindungen. Was ihre Beeinflußten schreiben, halte man dann für offiziös, weil jene Leute darunter hinein manches erfahren und mitteilen, was man nur von Wissenden erfahren konnte. Er — der Kanzler — habe jetzt jede Verbindung mit der Presse aufgegeben. Es seien nicht mehr wie früher einzelne Beamte berechtigt, Mitteilungen zu machen, auf die hin das betreffende Blatt seinem ganzen Inhalt nach als offiziös gegolten habe. Es gehe auch ohne die Presse. Wenn nötig, werde er den Reichsanzeiger benützen.

Von Österreich sprach der Fürst auf das freundlichste.

Insbesondere sprach er sein vollstes Vertrauen in Andrassy aus. Ungarn brauche stets Anlehnung an Deutschland. Bei der türkischen Verwicklung seien Deutschlands Interessen nicht unmittelbar engagiert, es habe nur das Einvernehmen zwischen Österreich und Rußland zu fördern. Vereinigen sich die beiden, so sei Deutschland ohne weiteres dabei, verständigen sie sich nicht, so könne Deutschland nicht majorisieren, bei dreien gebe es keine Majorisierung, sondern gelte das liberum veto. Über allgemeine Redensarten kommen die beiden freilich nicht hinaus, sie vereinigen sich über das Nichtstun, handle es sich um etwas Positives, so kollidieren die Interessen. Im Falle eines Zerwürfnisses zwischen beiden wäre es ihm außerordentlich schwer zu optieren, denn neutral zu bleiben, sei in solchen Fällen immer bedenklich. Auf der einen Seite die traditionelle starke Familienpolitik, kein divergierendes Interesse und der Vorzug einer großen Stabilität, während in Österreich häufige Systemwechsel stattfinden, auf der anderen die Stammesgemeinschaft und mannigfache wertvolle nahe Verbindungen auf anderen Gebieten als dem der Familienpolitik. Träte man zu Österreich, so bekäme man in Rußland einen unversöhnlichen Gegner und Alliierten Frankreichs, im anderen Falle würde Rußland bedenklich mächtig. Übrigens würden weder Rußland noch Österreich durch der Türkei abgenommene neue Provinzen sich kräftigen. Gortschakow werde rücksichtsvoll gegen Österreich sein, und derzeit liege kein Grund vor, sich zu beunruhigen.

Am 21. August hatte ich weitere Unterredungen mit dem Fürsten auf einem Spaziergange im Park und einer längeren Fahrt durch den Wald.

Bei seiner Besprechung des diplomatischen Ausschusses des Bundesrats, worüber schon oben berichtet wurde, charakterisierte Bismarck eine gewisse Klasse von Diplomaten als Leute, die „nur nach der auf einer gestickten Uniform glitzernden Sonne des Europäertums sich sehnen, in Paris oder London leben und wohl leben".

Auch der Bayerische Gesandte in Berlin sei ein „Pariser" und unterhalte unausgesetzte Beziehungen zur fremden Diplomatie und zur schlechten Presse. In seiner Anwesenheit würde der Fürst vertrauliche Erklärungen nicht abgeben können, da er befürchten müßte, sie würden dahin gelangen, wohin er sie am ungernsten gebracht sähe.

Gegen den Königlich Sächsischen Gesandten habe er nichts einzuwenden, er dürfte schon nicht weiter gehen als Friesen wolle, dem er durchaus vertraue, wenn er auch etwas ängstlich sei. Wie und bis zu welchem Grade er mit Friesen und dessen König daran sei, wisse er genau. Freilich gebe es auch in Sachsen Partikularisten, aber wo gebe es die nicht. In Preußen finde man den dicksten Partikularismus, namentlich im Militärdepartement. In Preußen sei auch nicht überall das Beste. Die hannöverischen Beamten z. B. seien besser und gebildeter gewesen als die preußischen, und die sächsischen Verwaltungseinrichtungen seien zweckmäßiger wenn auch willkürlicher als die preußischen. Der Württembergische Gesandte habe das volle Vertrauen des Kanzlers, er arbeite im Bundesrat und hätte schon die Zeit nicht zu anderem.

Herr von Pfretzschner gehöre nicht zu denjenigen, die selbst reiten. Die Bayerischen Minister, mit Ausnahme vielleicht von Fäustle, sehen zu viel nach dem, was ihr König sage und denke, und inwieweit dieser reichsfreund=

lichen Ideen sich hingebe, sei doch immer die Frage. Die bayerischen Minister weisen gerne von sich ab und machen oft den Eindruck von Geschäftsmüden, die sagen: Laßt uns doch in Ruhe. Ein ultramontanes Ministerium in Bayern würde er nicht eben fürchten. Entweder es wäre reichsfeindlich, dann würden wir es in drei Monaten zum Biegen oder Brechen bringen, oder es würde — die Ultramontanen sind geschickte Leute — dem Reiche das Seinige lassen, dann wäre es ja gut. Es sei ihm aus Bayern schon nahe gelegt worden, der Bildung eines ultramontanen Ministeriums Vorschub zu leisten, um die Verhältnisse dort zu klären, die Verantwortung hierfür übernehme er aber nicht.

Sodann teilte mir der Reichskanzler mit, daß Delbrück aus dem Amte zu scheiden beabsichtige; als Grund gebe er die Besorgnis an, bei fortgesetzter Tätigkeit von einem Gehirnleiden befallen zu werden, welche Besorgnis der Fürst auch schon für sich gehabt habe. Ich bemerkte, der Rücktritt Delbrücks von seinem schwierigen Amte wäre ein großer Verlust für die Geschäfte des Bundesrats; er stehe in großem Ansehen bei dessen Mitgliedern, und was ein Haupterfordernis sei, auch bei den zahlreichen preußischen Beamten, mit welchen er in Reichsangelegenheiten zu verkehren habe. Der Fürst sagte, im Reichskanzleramt, nicht im Reichskanzler, der der alleinige verantwortliche oberste Leiter bleiben müsse, sei zu viel vereinigt, die Maschine sei ihm zu mächtig geworden, es müßten Abteilungen mit größerer Selbständigkeit gebildet werden, namentlich die Justizabteilung könnte selbständig sein; die Persönlichkeit des Reichskanzleramtspräsidenten präge sich im ganzen Geschäftsgang zu sehr aus; seine

kontrollierende Tätigkeit sollte mehr in den Bundesrats=
ausschüssen liegen. Selbständige Abteilungen ohne Be=
schneidung der Kompetenzen des Bundesrats, dann brauchte
man keine Reichsministerien. Auch in Preußen sollte es
mehr Ministerien geben; das Finanzministerium und das
Handelsministerium könnten geteilt werden, und neben
einem Justizminister für die Gesetzgebung wäre ein zweiter
für die Verwaltung am Platze. Daß man die Reichs=
justizgesetze in der nächsten Session oder daß man sie
überhaupt bekomme, sei bei der Neigung zu übertriebener
Humanität nicht notwendig. Delbrück habe vorgeschlagen,
daß die Regierungen in der Reichsjustizkommission durch
Kommissäre sich vertreten lassen; er habe dagegen pro=
testiert, weil es zu Konzessionen der Regierungen führe,
während der Reichstag sich nicht gebunden halte.

Auch die Eisenbahnfragen besprach der Kanzler. Ob
das Reichseisenbahngesetz bis zur nächsten Session fertig
werden, ob man überhaupt darüber sich verständigen
werde, wisse er nicht. Bei seiner Schilderung der be=
stehenden Mißstände exemplifizierte er vorzugsweise auf
die Privatbahnen und nur gelegentlich bemerkte er, viel=
leicht wäre eine Lösung auch darin zu finden, daß das
Reich einen größeren Eisenbahnkomplex als Eigentum
erwerben würde. Ich sagte, ein Eisenbahnreichsgesetz
könne man erhalten, wenn man sich entschließen würde,
die Rechte der Landesregierungen nicht allzusehr zu be=
schränken. Daß ein größerer Bundesstaat sein Bahnnetz
an das Reich abgeben würde, glaube ich nicht. Die
Reichsverfassung gehe ja auch davon aus, daß die Re=
gierungen das Eigentum ihrer Bahnen behalten, und die
Enteignung eines so wertvollen Besitzes käme zu früh

nach dem Abschluß der Verträge. Auch würde jede Garantie fehlen, was der Landtag über die Verwendung des Kaufpreises für die Landesbahnen und was der Reichstag über die Verwendung der Erträgnisse der Reichseisenbahnen beschließen würden.

Am 22. August, bei einem Spaziergang, sagte der Kanzler, er würde sehr wünschen, bei seinen Bestrebungen, den Bundesrat zu kräftigen, Unterstützung zu finden. Derselbe sollte nicht nur ein paar Monate versammelt sein, und die leitenden Minister sollten häufiger und gleichzeitig nach Berlin kommen. Die Vertreter der kleinen Staaten im Bundesrat seien zu furchtsam. Ihre Fürsten fürchten, bei nächster Gelegenheit mediatisiert zu werden. Mit Unrecht. Eine solche Politik könne der Kaiser nicht wünschen, und wenn ein Teil der Reichsverfassung fiele, könnten auch andere Teile fallen. Im Interesse der Kleinen müsse man die Matrikularumlagen los werden, aber der Reichstag wolle die Regierungen nicht unabhängig werden lassen.

In der kirchlichen Frage habe man in Preußen das Schlimmste hinter sich. Die Maigesetze, denen er nach der Art ihrer Entstehung ziemlich fern stehe, seien in manchen Beziehungen verfehlt, juristische Nörgeleien, Verfolgung einzelner Personen. Es sei ja traurig gewesen — diese peinliche Nachforschung nach den päpstlichen Delegierten, der Staat als schwer Geharnischter hinter leichten Reitern her, als Gendarm mit dem Schleppsäbel hinter leichtfüßigen Übertretern herkommend; er wird mit Steinen geworfen und hat die Sympathien nicht, sondern wird ausgelacht. Er habe nur Wiederherstellung des landrechtlichen Zustandes gewollt. Wiederherstellung einer starken

Defensivstellung des Staates gegenüber der aggressiven katholischen Kirche; das sei erreicht, weiterzugehen nicht erforderlich, auch nicht Ausdehnung der Kirchengesetze auf das Reich, es müßte denn ein Notschrei aus Bayern kommen. Die Entfernung der bekannten Verfassungs= paragraphen habe er nur durch Stellung der Kabinetts= frage gegen den Widerstand Falks durchsetzen können; dieser habe aber das Gute, daß er, wenn die Entschei= dung gefallen, mit Aufwendung der ganzen ihm eigenen Arbeitsamkeit sie durchsetze; dafür habe er dann Huldi= gungen entgegennehmen müssen für etwas, dem er sich mit aller Kraft widersetzt habe.

Als noch von der Rückkehr des Fürsten nach Berlin gesprochen wurde, sagte er: Wer mir in Berlin etwas zu sagen hat, muß es in zwanzig Minuten tun; die meisten fremden Gesandten bleiben zu lang; sie möchten immer noch etwas herauspressen, was sie, vielleicht in ganz schiefem Lichte, nach Hause berichten können.

Berlin.

Im Salon der Fürstin am 11. April 1877[24]).

Was im Reichstag und sonst über die Gründe seines Entlassungsgesuchs erzählt werde, sei, sagte der Kanzler, unwahr. Neben seinem Gesundheitszustand seien der Grund die Verhältnisse im Preußischen Staatsministerium. Was habe er aber gegen die Tränen seines alten Herrn machen können! Wenn seine Gesundheit es erlaube, werde er wiederkehren als Minister, dann aber seine Be= dingungen machen, oder als Abgeordneter zum Reichstag.

Um Stosch habe es sich für ihn gar nicht gehandelt. Hätte der Kaiser ihn gefragt, so würde er selbst zu dem geraten haben, was der Kaiser beschloß. Eine darauf folgende Ergießung des Fürsten bewies übrigens eine sehr gereizte Stimmung gegen Stosch, der Verbindungen an zwei Höfen unterhalte und in den Sitzungen des Staatsministeriums ein aufmerksamer Zuhörer sei, selbst aber nicht rede, er werde, wenn Bismarck wiederkehre, von seinem Verbleiben wenig Vergnügen haben. Bei einer Besprechung der Verhältnisse bei Hof sagte er, diesen Verhältnissen müsse man sich unterwerfen wie Wind und Wetter, wenn er aber wiederkomme, werde er dafür sorgen, daß einzig der Wille des Herrn zur Geltung komme[25]).

In der weiteren Unterhaltung äußerte er sich wieder sehr sympathisch über Österreich. Die friedliebenden Mächte in Mitteleuropa seien aufeinander angewiesen gegen Friedensstörungen von Westen wie von Osten. Deutschland könne vielleicht zu einer organischen Verbindung mit Österreich gelangen, wenn auch nicht in der Form des früher oft genannten Siebzigmillionenreichs.

Berlin, den 15. und 21. Februar 1878.

Der Fürst, der am 14. Februar aus Varzin zurückgekehrt war, hatte mich auf den 15. zu Tisch geladen. Zunächst dankte er für mein an ihn gerichtetes Schreiben in der Stellvertretungsfrage, mit dessen Inhalt er ganz einverstanden sei. Bei Tisch sprach er in den abfälligsten Ausdrücken von der im Reichstag eingebrachten Inter=

pellation in der orientalischen Frage. Er habe sich auf Anfrage gegen eine Interpellation ausgesprochen, da jeder Staat, von dem er sympathisch spreche, nur anspruchsvoller werde. Aus Fraktionseifersucht sei die Interpellation doch eingebracht worden. Man neige sich zu Baden als Konferenzort, es sei aber nicht an dem, was man anderwärts annehmen möchte, daß außerpreußischer deutscher Boden neutraler Boden sei. Rußland habe ursprünglich Berlin gewollt, Deutschland habe Wien akzeptiert. Wie wenig Dank man von Vermittlung ernte, führte der Fürst an Beispielen aus: Kaiser Nikolaus in Olmütz, wodurch eigentlich Preußen, das keinen Krieg habe führen können, ein Dienst geleistet worden sei, Haltung Österreichs im Krimkriege, Rüstungen Preußens für Österreich im italienischen Krieg, Intervention Napoleons 1866; damals habe er in einem Försterhause nach Eintreffen des Telegramms Napoleon einen Hannibalseid geschworen, den er redlich gehalten habe.

Darauf nahm mich der Fürst mit sich in sein Arbeitszimmer, um die Stellvertretungsvorlage zu besprechen. Er führte aus, ihm liege hauptsächlich am Vizekanzler, der ein Staatsmann und Vizepräsident des Preußischen Staatsministeriums sein müsse und bei dessen Wahl er nicht auf Vorstände der Reichsbehörden beschränkt werden dürfe. Hätte man die Vorlage darauf beschränkt, er würde sie nicht zurückgezogen haben, wie er überhaupt im Falle des Scheiterns der Vorlage ruhig fortmachen würde wie bisher. Die besonderen Stellvertreter liegen ihm weniger am Herzen, sie werden vornehmlich von den Herren betrieben, welche selbständig werden möchten, eine Stellvertretung für Justiz sei ihm kein Bedürfnis, und Stephan zeichne schon jetzt zu viel. Gegen die Beschränkung der besonderen Stellvertretung auf Vorstände der Reichsbehörden habe er nichts zu erinnern. Absolut los werden wolle er die elsaß-lothringischen Sachen, man laufe da zu hohen Damen, was schon zu peinlichen Erörterungen zwischen dem Kaiser und ihm geführt habe. Als Statthalter habe der Kaiser einen Fürsten einsetzen gewollt, wogegen er eingewendet habe, daß man dann den Kronprinzen wählen müßte. Daß die Beaufsichtigung gegenüber den Einzelstaaten von der Stellvertretung ausgeschlossen werde, billige er, und an dem Vorbehalt jeder Amtshandlung für den Reichskanzler solle man doch ja festhalten. Weiter sagte er, er beabsichtige vom Reichskanzleramte ein Reichsschatzamt abzutrennen und das erstere auf Verwaltungssachen zu beschränken. Delbrück habe im Reichskanzleramt alles bureaukratisch konzentriert, wodurch die Mittätigkeit der Bundesregierungen eingetrocknet worden sei. Darin müsse Wandel geschaffen werden. Dies habe Delbrück schließlich wohl selbst gefühlt und darum sich zurückgezogen, wenn er auch nur Gesundheitsrücksichten geltend gemacht habe.

Als Vorstand des Reichsschatzamtes habe er Burchard in das Auge gefaßt.

Er, der Kanzler, wolle das Tabaksmonopol und einige Umkehr vom Freihandelsystem, wenn auch ohne Annahme des Schutzzollsystems. Wenn die Steuergesetze im Reichstag fallen, werde er sein Programm dem Kaiser, der zum Schutzzoll neige, entwickeln, nötigenfalls die Kabinettsfrage stellen. Vielleicht werde man dann zur Auflösung des Reichstags schreiten müssen. Über allem dem werde Camphausen gehen; derselbe sei im Grunde genommen ein preußischer Partikularist und ein Bureaukrat, habe aber einen liberalen Nimbus um sich verbreitet; er, der Kanzler, werde ihn nicht wegstoßen, aber fallen lassen.

Schließlich klagte der Fürst noch darüber, daß er für seine Eisenbahnplane so wenig Förderung bei den preußischen Ressortministern finde. Die Privatbahnen müssen von ihrer Position herunter 26).

Am 21. Februar ließ mich der Kanzler zu einer nochmaligen Besprechung über die Änderungen rufen, welche der Gesetzentwurf über die Stellvertretung und seine Motive erfahren müssen. Diese Änderungen wurden am gleichen Tage, Nachmittags 2 Uhr, in den Bundesratsausschüssen, um 3 Uhr vom Bundesratsplenum, in welchem Bismarck den Vorsitz führte, angenommen.

An diesem Tage sagte mir Bismarck, er habe früher einmal dem Kaiser den früheren Württembergischen Minister Freiherrn von Varnbüler als Preußischen Finanzminister genannt. Der Kaiser habe gesagt: Sind wir denn so arm in Preußen, daß wir den Finanzminister von auswärts holen müssen? Jetzt, fügte der Fürst bei, ist Varnbüler wohl etwas kaput 27).

Berlin, den 16. und 27. März 1878.

Mit dem Staatsminister von Pfretzschner war ich zu Tisch bei dem Fürsten geladen.

Derselbe sagte: Bennigsen, den er für einen Staatsmann halte und der das „Ministrin" habe, stehe zu sehr unter dem Einfluß Laskers und der Fraktion, was seine Meinung von ihm, obwohl er ihn noch nicht aufgebe,

etwas vermindert habe. Sein Absehen sei darauf ge=
richtet gewesen, ihn allein aus der Fraktion herauszu=
holen. Was tue man in einem Ministerium, gebunden
durch Fraktionsbeschlüsse.

Von Camphausen trenne sich der Fürst, weil derselbe
bezüglich des Ankaufs von Privatbahnen (Berlin=Stettin)
nicht aufrichtig gegen ihn gewesen sei. Auch über Achen=
bach und Weishaupt, der mehr Vorgesetzter Achenbachs
gewesen sei als umgekehrt, klagte er, weil sie nicht gegen
die Privatbahnen auftreten. Um Helfer und Freunde
gegen die Privatbahnen zu gewinnen, habe er, der
Kanzler, seiner Zeit die Reichsfarben benützt.

Als Vizekanzler und Minister ohne Portefeuille nannte
der Fürst den Grafen Stolberg=Wernigerode, der aber
wohl nicht annehmen wolle, weil er es zu gut habe[28]).

Bei dem Kongreß werde die zunächst wichtigste Frage
die des Vorsitzenden sein. Er — der Fürst — sei zu
matt, um mehr tun zu können als eröffnen und ein paar
Tage präsidieren. Ob dann Bülow oder Gortschakow,
Andrassy oder Frankreich? Bezüglich der Engländer
könne er nur sagen: Ruhig mag ich Euch erscheinen, ruhig
gehen sehn, Eurer Augen stilles Weinen kann ich nicht
verstehn.

Den Reichstag wegen der Steuergesetze aufzulösen
würde zu nichts helfen und den Wähler beleidigen. Man
müsse jetzt ein wirtschaftliches Programm aufstellen und
dasselbe in das Bewußtsein der Wähler einzuführen
suchen, dann — nach anderthalb Jahren — könne man
wirtschaftlich, nicht politisch, wählen lassen.

Am 27. März war ich zu Tisch bei Bismarck. Er
äußerte, ein preußisches Promemoria über die Steuer=

frage werde noch vor Schluß der Session an den Bundes=
rat gelangen; er wünsche, daß dann im Sommer die
Finanzminister der Bundesstaaten an einem Orte außer=
halb Berlins, etwa in Eisenach[29]), zusammentreten.
Bayern komme, ob ich ihm nicht bei Sachsen behilflich
sein wolle. Ich übernahm es und sprach mit dem Ge=
sandten von Nostitz, der zusagte, seinen Bruder, den
Minister, zu einem Besuche bei Bismarck zu veranlassen.
Der Besuch fand am 17. April statt.

Ferner sagte der Fürst, er jage nie zwei Hasen auf
einmal; deshalb werde er sich erst nach Erledigung der
Steuerfrage an das Reichseisenbahngesetz machen und
auch dieserhalb Ministerkonferenzen veranlassen.

Anmerkungen

[1]) Chef des Justizdepartements 27. April 1867, Vorsitzender des Ministerrats und Geheimenrats 2. September 1870, Chef des Departements der auswärtigen Angelegenheiten und der Familienangelegenheiten des Königlichen Hauses sowie der Verkehrsanstalten 27. August 1873, nach gesetzlicher Bildung eines Staatsministeriums Ministerpräsident 1. Juli 1876, von der Verwaltung des Justizdepartements entbunden 21. Dezember 1878, in den Ruhestand getreten 9. November 1900.

[2]) Wo ich Lothar Bucher traf.

[3]) Friedrichsruh, 3. Januar 1895.
Geehrter Freund
wir sind manches Jahr hindurch als Kollegen und politische Freunde im Dienste des gemeinsamen Vaterlandes tätig gewesen. Ihr Schreiben vom 30. ist mir ein neuer Beweis dafür, daß unsere persönliche Freundschaft unabhängig von dem politischen Spalier in derselben Herzlichkeit fortbesteht wie zu der Zeit, wo Sie mir dankenswerten Rat in häuslichen Angelegenheiten zukommen ließen; Ratschläge, deren Richtigkeit sich seitdem bei den beteiligten Interessenten bewährt hat und die dankbar

anzuerkennen mir ein Bedürfnis verbleiben wird. Ich lebe körperlich gesunder als ich zu sein das Bedürfnis habe, nachdem mit dem Tode meiner Frau für mich die Zwecklosigkeit weiteren Lebens vollständig geworden ist. Zum Landwirt bin ich körperlich nicht mehr rüstig genug, und Politik kann ich nicht treiben ohne schädlich oder unehrlich einzugreifen. Ich sehe vor mir das mir bisher fremde Gespenst der Langeweile; ich würde in der Stadt wohnen, Theater und Kasino besuchen, wenn mich Haß und Liebe dabei unbehelligt ließen. Sie appellieren an meinen „Mannesmut", geehrter Freund; zu dessen Betätigung fehlt mir der Gegner und der heut mögliche Kampfplatz; ich muß das, was mir davon bleibt, in mir verzehren.

Verzeihen Sie diesen Ausbruch oder Verstimmung auf Ihren herzlichen Brief, dessen Inhalt mir unter den zahlreichen Sympathiebeweisen, die ich erhalte, besonders wohltut. Haben Sie Dank dafür und erhalten Sie mir Ihre Freundschaft. Stets
der Ihrige
v. Bismarck.

4) Als im Winter 1888 meine Stellung bei dem König Karl aus nicht politischen Gründen als erschüttert galt, richtete Bismarck an den Stellvertreter des abwesenden Königs, den Prinzen, jetzigen König Wilhelm, ein Schreiben, über dessen Inhalt er mir folgendes mitteilte:

Friedrichsruh, 13. 12. 1888.
Verehrter Freund und Kollege
mit verbindlichstem Danke für Ihr vertrauliches Schreiben vom 8. c. teile ich Ihnen mit, daß ich dem darin

angedeuteten Wunsch des Prinzen Wilhelm durch ein direktes eigenhändiges Schreiben an Seine Königliche Hoheit am zweckmäßigsten, wenn auch nicht in korrektester Form, zu entsprechen geglaubt habe. Bei der Notwendigkeit, jeden Eindruck einer Einmischung in die innern Angelegenheiten zu vermeiden, habe ich mich darauf beschränkt, dem Prinzen der Wahrheit entsprechend die hervorragende Stellung zu schildern, welche die württembergische Vertretung in Reichssachen infolge des Vertrauens einnimmt, welches Euer Exzellenz persönlich Sich im Bundesrate wie im Reichstage nicht nur durch ernstliche und sachliche Geschäftskunde, sondern als politischer Charakter erworben haben. Dieser Besitzstand Württembergs ist nicht übertragbar, sondern würde mit Personenwechsel verloren gehen, letzterer daher im Interesse des Reichs unerwünscht, und für den Einfluß der Krone Württembergs nicht nützlich sein. — — —

In der Hoffnung, daß wir nicht bloß Freunde, sondern auch Kollegen bleiben, bin ich in herzlicher Ergebenheit
der Ihrige
v. Bismarck.

Am 12. Juni 1890 sagte der Fürst den Überbringern des Ehrenbürgerbriefs der Stadt Stuttgart:

Nach meiner Praxis als Reichskanzler muß ich anerkennen, daß mir von Württemberg aus, wenn Reichsinteressen in Frage standen, Schwierigkeiten nie gemacht worden sind, sondern stets bereitwillige Unterstützung gewährt wurde. Dazu hat wesentlich beigetragen die patriotische und klare Anschauungsweise Ihres ersten Ministers,

den ich außerordentlich hochschätze (von Poschinger, „Die
Ansprachen des Fürsten Bismarck 1848 bis 1894".
Deutsche Verlagsanstalt 1895, S. 133).

5) Entsprechend einem eingehend begründeten Vortrage
des Reichskanzlers, der sich für den Gegenstand lebhaft
interessierte, hatte der Bundesrat am 2. April 1879 einen
außerordentlichen Ausschuß mit der Ausarbeitung eines
Gesetzes zur Regelung des Gütertarifwesens auf den
deutschen Eisenbahnen beauftragt. In der erwähnten
Begründung war gesagt, die Zuständigkeit des Reichs,
im Wege der Gesetzgebung das Tarifwesen zu regeln,
könne im Hinblick auf die Verfassungsbestimmungen von
Artikel 4 Nummer 8 und Artikel 41 bis 46 einem Zweifel
nicht ausgesetzt sein, die Erfahrung habe gezeigt, daß eine
den Absichten der Verfassung entsprechende Ausübung der
Kontrolle über das Tarifwesen sich ohne legislative Ein=
wirkung des Reichs auf die Normierung der Frachtsätze
nicht ermöglichen lasse und daß die einheitliche Regelung
dieser Sätze im Interesse des allgemeinen Verkehrs als
ein unabweisliches Bedürfnis der Nation zu erachten sei.

Die Arbeiten des niedergesetzten Ausschusses wurden
so beeilt, daß von ihm bereits Anfangs Juni dem Bundes=
rat ein den Anschauungen des Reichskanzlers vollständig
entsprechender Gesetzentwurf, betreffend das Gütertarif=
wesen der deutschen Eisenbahnen, unterbreitet werden
konnte, der am 17. Juni vom Bundesrate der Beratung
und Beschlußfassung unterzogen wurde. Dem entschie=
denen Widerspruch der eigene Staatsbahnverwaltungen
besitzenden größeren Mittelstaaten begegneten die §§ 2
und 4 des Entwurfs, welche dem Bundesrat die Fest=

setzung der Tarifvorschriften nebst der Güterklassifikation und der Normaleinheitssätze für die verschiedenen Güterklassen sowie die Bestimmung über Erhöhung oder Verminderung der sonst für die Tarifbildung maßgebenden wirklichen Entfernungen übertrugen. Diese Zuständigkeiten des Bundesrats schienen einer Minderheit zu weit zu gehen, wobei sie sich in der Verfassungsfrage darauf berief, daß nach Artikel 45 der Reichsverfassung dem Reiche nur die Kontrolle über das Tarifwesen zustehe. Die Mehrheit stimmte jedoch sowohl den §§ 2 und 4 als dem Gesetzentwurfe im ganzen zu. Der Großherzoglich Badische Bevollmächtigte hatte unmittelbar vor der Schlußabstimmung erklärt, durch die Annahme der §§ 2 und 4, welche nach der Auffassung seiner Regierung eine in die finanziellen und politischen Verhältnisse des Landes tief eingreifende Veränderung der Verfassung enthalten, würde er nun genötigt sein, gegen das Gesetz zu stimmen. Da die Minderheit mehr als 14, nämlich mit Bayern 25 und ohne Bayern 19 Stimmen betrug, stellte ich nun den Antrag, den Ausschuß für die Verfassung um schleunige Berichterstattung über die Frage zu ersuchen, ob in den §§ 2 und 4 des Gesetzentwurfs eine Veränderung der Verfassung liege. Der Antrag wurde mit Stimmenmehrheit angenommen (vergleiche: von Poschinger, Fürst Bismarck und der Bundesrat, Bd. IV S. 73 ff.).

Die Bundesratssitzung war gegen 4 Uhr zu Ende gegangen. Um 5 Uhr aß ich bei Bismarck, neben welchem ich saß. Er fragte mich, wie es im Bundesrat gegangen sei. Ich antwortete, man habe sich nicht verständigen können. Er sagte hierauf, das habe er erwartet, man habe ja aber Zeit, nach einer Verständigung zu suchen, da er den Gegenstand diesem Reichstag nicht mehr vorlegen werde. Dem fügte er noch bei: Aber die Verfassungsfrage erheben Sie nicht, das wäre ein mir hingeworfener Handschuh, den ich aufheben müßte. Ich schwieg zunächst, nach Tisch aber, beim Kaffee, sagte ich dem Kanzler, daß ich, um Zeit zu einer Verständigung zu gewinnen, die Verfassungsfrage gestellt habe und daß diese vom Bundesrat an den Verfassungsausschuß verwiesen sei. Der Fürst sah mich einige Augenblicke wie unentschlossen an, so daß ich auf einen Zornesausbruch gefaßt war, dann aber setzte er mir in ruhigem Tone auseinander, daß, wenn dem Reichskanzler ein verfassungswidriges Vorgehen vorgeworfen werde, ein Konflikt unausbleiblich sei. Meine Erwiderung, daß man über Verfassungsfragen verschiedener Meinung sein könne, ohne dem anderen Teile einen Vorwurf zu machen, ließ er nicht gelten, eher meine wiederholte Erklärung, daß ich nur die erforderliche Zeit zu einer sachlichen Verständigung habe gewinnen wollen. Am 18. Juni Nachmittags hatte ich eine weitere Besprechung mit dem Kanzler, der materielle Vorschläge der Mittelstaaten verlangte, seinerseits aber erklärte, daß er sich über das Materielle erst nach vorgängigem Benehmen mit Maybach aussprechen könne; in der Verfassungsfrage haben wir entschieden Unrecht. Am 20. Juni ließ mich der Kanzler Abends 9 Uhr zu sich rufen. Er händigte mir schriftliche Vorschläge Maybachs ein, die ich zu einem Ausgleich geeignet nicht erachten konnte, und erklärte, er wolle uns nicht majorisieren, wolle überhaupt nur den Privatbahnen zu Leibe gehen, man habe Zeit bis zum Herbst, sich zu verständigen, die Verfassungsfrage aber, in welcher er das klare Recht für sich habe, müsse jetzt schon gegen uns entschieden werden. Auf meine Vorstellung, daß eine solche Entscheidung eine sachliche Verständigung erschweren könnte und die vorläufige Enthebung des Verfassungsausschusses von dem ihm erteilten Auftrag, welche herbeizuführen ich mich erbiete, genügen würde, erklärte er sich schließlich auch damit einverstanden.

Über das Verhältnis Bayerns zu einem Tarifgesetz erklärte er auf meine Frage, Bayern sei zwar von den Artikeln 42 bis 46 Absatz 1 der Reichsverfassung eximiert, nicht aber von der Ziffer 8 des Artikels 4, ein Tarifgesetz müsse deshalb eigentlich auch auf Bayern Anwendung finden, welcher Rechtsanschauung Ausdruck zu geben er sich vorbehalte. An demselben Abend noch schickte ich die Vorschläge Maybachs mit einer Äußerung, wie ich mir eine Verständigung denken könnte, zurück. Am 21. Juni Vormittags legte ich dem Königlich Sächsischen Minister von Könneritz und dem Badischen Minister Turban zwei Anträge vor, einen materiellen und einen formellen, auf die Zurücknahme des dem Verfassungsausschuß erteilten Auftrags gerichteten. Beide Minister erklärten, wegen mangelnder Instruktion auf den materiellen Antrag jetzt nicht eingehen zu können, während sie den formellen Antrag mit mir zu stellen bereit seien. Demgemäß brachten in der Bundesratssitzung, welche am 21. Juni um 2 Uhr stattfand, Sachsen, Württemberg und Baden den von mir begründeten Antrag ein, unter vorläufiger Entbindung des Verfassungsausschusses von dem ihm erteilten Auftrag den Gegenstand behufs der Detailberatung über ein einheitliches Tarifsystem mit den dazu gehörigen Normaleinheitssätzen an den außerordentlichen Ausschuß zurückzuverweisen. Ein Widerspruch wurde nicht erhoben, auch von Preußen nicht, dessen Bevollmächtigte von Bismarck noch vor der Sitzung entsprechend instruiert waren. Aus der Bundesratssitzung ließ mich Bismarck in sein Arbeitszimmer im Reichstag rufen und über den Verlauf berichten. Er schien befriedigt und äußerte, der Ausschuß werde sich nicht beeilen und Zeit zu weiterem lassen. Zugleich lud er mich noch zum Essen ein, da ich am 22. nach Hause reiste.

Der Ausschuß beeilte sich auch wirklich nicht; er ist auf den Gegenstand nie zurückgekommen und niemand hat ihn daran gemahnt, auch der preußische Vorsitzende nicht.

[6]) Nachstehende heitere Episode aus den Konferenzen beim Kaffee darf in einer Anmerkung eine Stelle finden. Nach einer Tafel, zu welcher die nach Berlin gekommenen Minister der größeren Bundesstaaten geladen waren, hatte der Kanzler in längerem Vortrag über einen Gegenstand sich verbreitet, welcher die Einzelstaaten nahe berührte. Der Vortrag war weniger fließend geworden; dann schwieg der Kanzler, sah im Kreise umher und sagte: Herr von Mittnacht! Wollen Sie mit mir in mein Arbeitszimmer kommen? Ich erhob mich und wir verließen das Zimmer, in welchem die übrigen Herren, einigermaßen verblüfft durch die Separatbesprechung mit dem Württembergischen Minister, zurückblieben. Der voranschreitende Fürst hielt zu meinem Erstaunen in seinem Arbeitszimmer nicht an, sondern ging, von mir gefolgt, weiter in sein Schlafzimmer, wo rechts und links

von der Bettstelle zwei Tischchen standen. Zu einem derselben ging der Fürst, indem er mir das andere mit den Worten anwies, er habe doch, um die Herren allein zu lassen, eines Vorwands bedurft und gedacht, ich werde gerne mitgehen. Darauf gingen wir in das Kaffeezimmer zurück, wo die Herren mit gespannter Erwartung auf eine wichtige Eröffnung uns entgegensahen. Eine solche erfolgte aber nicht, der Fürst kam auf das frühere Thema nicht zurück, sondern sprach von gleichgültigen Dingen, und man empfahl sich. Noch auf der Treppe wurde ich von den Kollegen mit Fragen bestürmt über die Mitteilungen, die der Kanzler mir gemacht habe. Ich nahm zuerst im Scherz eine wichtige Miene an und erklärte, noch nichts sagen zu dürfen. Dann aber erzählte ich offen, was vorgegangen war. Meine Erzählung begegnete indes dem entschiedensten Unglauben und wurde trotz meines Beharrens für einen schlechten Scherz erklärt. Man trennte sich rascher und kühler als sonst und ich dachte beim Nachhausegehen, was wohl die Herren über den geheimnisvollen Zwischenfall nach Hause berichten werden.

[7]) Dr. O. Lorenz, Professor in Jena, hat im Jahre 1902 ein Buch: „Kaiser Wilhelm und die Begründung des Reichs" erscheinen lassen, welches dartun will, daß der Name „Begründer des Reichs" allein dem Kaiser und nicht Bismarck zukomme. Seinen Ausführungen traten in scharfen Kritiken entgegen Erich Brandenburg in der „Historischen Zeitschrift", 1903, Heft 3 S. 422 ff. und Hermann Oncken, „Zur Geschichte der Reichsgründung" in den „Forschungen zur brandenburgischen und

preußischen Geschichte", 1903. Lorenz erwiderte in einer Broschüre mit dem etwas eigentümlichen Titel: "Gegen Bismarcks Verkleinerer", Jena 1903.

8) Ich glaube von einem Mißverständnis sprechen zu können, weil Lorenz schon in seinem Buche der staatsmännischen Größe Bismarcks alle Anerkennung gezollt hat. In der Broschüre spricht er von der "gewaltigen, weltumspannenden Tätigkeit eines der größten Riesen der Staatskunst" (S. 79) und sagt (S. 83): "Die Reichsbegründung wäre wahrscheinlich ohne Bismarck nicht gelungen." Wenn auf der anderen Seite gerne zugegeben werden wird, daß Kaiser Wilhelm "ein seltener und hochbedeutender Monarch" war (a. a. O. S. 4), so ist man sich ziemlich nahe gekommen. Es ist ja richtig, daß der Monarch der Träger des höchsten Willens im Staat ist und Entscheidungen zu treffen hat, die kein Minister ihm abnehmen kann (S. 81). Deshalb gebührt dem Monarchen, welcher mit einem Minister seiner Wahl ein großes Werk durchgeführt hat, der Vortritt auch dann, wenn der schöpferische Gedanke nachweisbar vom Minister stammt. Diesem aber die ihm gebührende Ehre zuzuweisen in dieser oder jener vielleicht nicht streng korrekten Form werden sich Bewunderung und Dankbarkeit nicht abhalten lassen.

9) Am 21. März 1871, dem Tag der Eröffnung des ersten Reichstags, hat Kaiser Wilhelm seinem Kanzler geschrieben: "Ihrem Rat, Ihrer Umsicht, Ihrer unermüdlichen Tätigkeit verdankt Preußen und Deutschland das weltgeschichtliche Ereignis, das sich heute in meiner

Residenz verkörpert," und in einem Schreiben vom 23. September 1887 sagt der Kaiser in Würdigung der Leistungen Bismarcks, dieser habe „die oft sich auftürmenden Schwierigkeiten im Frieden und im Kriege zu guten Zielen geführt, die Preußen an Ehre und Ruhm zu einer Stellung führten in der Weltgeschichte, wie man sie nie geahnt hatte" („Gedanken und Erinnerungen", Bd. II S. 293, 294, 299).

¹⁰) Anknüpfend an die früheren Verhandlungen Bismarcks mit Bayern über eine Bundesreform sagt Lorenz in seinem Buch S. 56: „Es ist eine der merkwürdigsten Erscheinungen in dem Leben und der Wirksamkeit unseres größten Staatsmanns, daß er, wie Siegfried unangreifbar, doch eine verwundbare Stelle in dem festen Gefüge seiner großartigen Kombinationen hatte.... Und diese Schwäche, die ihn in den größten Momenten seiner Unternehmungen schicksalsmäßig zu verfolgen schien, hieß Bayern. Wie der gewaltige Mann gerade in Bezug auf Bayern und dessen König zu einer Summe von irrigen Vorstellungen gelangen konnte, welche ihm fast immer seine Verhandlungen mit dieser Regierung verdarben, ist eines jener Rätsel, die die Geschichte kaum lösen wird. ... Wenn man die ‚Gedanken und Erinnerungen' liest, so möchte man sich Bismarcks Schwäche noch am meisten und liebsten als eine Art Romantik erklären, nach welcher ihm einer seiner Vorfahren eine gewisse dynastische Anhänglichkeit an die Wittelsbacher vererbte oder ihn damit belastet hat."

Auf S. 99 und 103 seiner Broschüre spricht Lorenz von der „ganz jämmerlichen Situation", der „ganzen traurigen Lage", welche dem Deutschen Reiche im Augenblick seiner Begründung durch die Verhandlungen in Versailles entstanden war.

11) Im Verlaufe eines Meinungsaustausches im Bundesrat über die Frage der Errichtung verantwortlicher Reichsministerien wurde in der Bundesratssitzung vom 5. April 1884 namens der Königlich Preußischen Regierung erklärt: „Jede Verminderung der Zuversicht, mit welcher die verbündeten Regierungen auf die Festigkeit der unter ihnen geschlossenen Verträge bauen, würde Zweifel über die Zuverlässigkeit der Verträge herbeiführen, auf denen der Bund der deutschen Staaten beruht.... Je mehr die Regierung Seiner Majestät des Königs sich bewußt ist, unter schweren Kämpfen und Gefahren erfolgreich dafür eingetreten zu sein, daß dem deutschen Volke das für seine nationale Geltung erforderliche Maß von Einheit gewonnen wurde, umso sorgfältiger ist sie darauf bedacht, zu verhüten, daß dieser Gewinn durch politische Mißgriffe wieder in Frage gestellt werde. Einen solchen Mißgriff würde sie in jeder Überschreitung der Bedürfnisgrenze in unitarischer Richtung erblicken."

Am 19. April 1895 wurde dem Fürsten Bismarck in Friedrichsruh eine Glückwunschadresse der bürgerlichen Kollegien von Stuttgart überreicht, wobei der Oberbürgermeister den Fürsten als den Einiger des Deutschen Reichs und zugleich den Hort und Wahrer der bundesstaatlichen Entwicklung des Reichs pries. Bismarck erwiderte, daß er stets ein Gegner unitarischer Tendenzen gewesen sei; er habe die berechtigten Eigentümlichkeiten

der Stämme des deutschen Vaterlandes stets voll aner=
kannt; und sein Bestreben sei darauf gerichtet gewesen,
die in der Reichsverfassung garantierte bundesstaatliche
Entwicklung zu stärken; noch heute sei er der Ansicht,
daß dies notwendig sei („Hamburger Nachrichten" vom
20. April 1895, Morgenausgabe Nr. 93).

[12]) Das hat er namentlich auch auf dem Gebiet des
Eisenbahnwesens getan. Bismarck würde die preußisch=
hessische Eisenbahngemeinschaft mit dem Ziele des Be=
triebs und der Verwaltung des ganzen großen deutschen
Eisenbahnkomplexes durch einen Einzelstaat, welcher Ver=
waltung gegenüber das verfassungsmäßige Aufsichtsrecht
des Reichs gänzlich machtlos wäre, als den richtigen
Weg zur Verwirklichung der Verfassungsbestimmungen
über das Eisenbahnwesen nicht anerkannt, vielmehr nach
Gründung des Reichs als einen Anachronismus an=
gesehen haben. Bei der Begründung des Reichseisen=
bahnprojekts hat er den Weg der Reichspolitik dem=
jenigen des „Großpreußentums" gegenübergestellt und
es als „das Eigentümliche der Reichsverwaltung erklärt,
daß dort die übrigen Bundesstaaten das Recht haben,
mitzureden und mitzuwirken" (Rede im preußischen
Herrenhause vom 18. Mai 1876).

Daß diesem Mitwirkungsrechte der preußisch=hessische
Gemeinschaftsvertrag vom 23. Juni 1896 in genügendem
Maße nicht entspricht, kann kaum bestritten werden. In
der Zentralbehörde der Gemeinschaftsverwaltung ist eine
Stelle für einen hessischen vortragenden Rat vorgesehen.
Mit dem Hessischen Landtag hat die Zentralbehörde nichts
zu tun; sie steht nur dem Preußischen Landtag Rede und

Antwort. Daß zu gleichem Aufgeben des ständischen Mitwirkens und Kontrollerechts der Verwaltung der Landesbahnen gegenüber die Landtage der größeren Mittelstaaten sich entschließen würden, ist unwahrscheinlich. Auch der Reichstag wird auf sein Recht, bei der Verwaltung der Reichseisenbahnen mitzusprechen, nicht verzichten wollen. Das Beispiel des Zollvereins wird so oft angeführt; bevor es einen Deutschen Reichstag gab, bestand aber ein Zollparlament, in welchem Abgeordnete aus allen deutschen Staaten Sitz und Stimme hatten.

Preußen will jetzt seine gut rentierenden Staatsbahnen nicht mehr veräußern und auch ihre Verwaltung nicht in andere Hände geben, auch nicht in diejenigen des Reichs. Das findet man ganz selbstverständlich und unabänderlich. Den Mittelstaaten, welche seinerzeit das Eigentum ihrer Staatsbahnen behalten wollten und bei deren Verwaltung mitzuwirken beanspruchen, wird Partikularismus vorgeworfen.

Das Verlangen nach größerer Einheitlichkeit im deutschen Eisenbahnwesen mit der Wirkung von Vereinfachungen und der Verminderung der Betriebs- und Verwaltungskosten ist rechtlich und wirtschaftlich wohlbegründet. Der Zeitpunkt, Fortschritte in dieser Richtung zu erreichen, ist günstig. Denn auf der einen Seite hält man den Eintritt in die preußisch-hessische Gemeinschaft durch einen unkündbaren Vertrag gleich dem von 1896 nicht mehr für den einzigen möglichen Weg, sondern gibt zu, daß auch andere Formen der Einigung gefunden werden können, während auf der anderen Seite die wirtschaftliche Seite der Frage mehr beachtet und bei entsprechenden Vereinbarungen die Unerläßlichkeit gewisser Opfer an der eigenen vollen

Selbständigkeit erkannt wird. Es gibt zahlreiche, neuerdings vielfach besprochene Gebiete im Eisenbahnwesen, auf welchen eine Einigung über einen engeren Zusammenschluß, Vereinfachungen, Ersparnisse am Betriebsaufwand unschwer sollte erreicht werden können, und es schweben ja auch Verhandlungen hierüber unter den deutschen Eisenbahnverwaltungen. Zu einem guten Ziele werden sie nur dann führen, wenn eine zielbewußte, kräftige und zugleich bundesfreundliche Hand sie leitet. Und diese Leitung kann nur von Preußen mit seinem großen wohlverwalteten Eisenbahnbesitz ausgehen. Preußen ist zugleich die führende Macht im Reiche. Dem Reiche steht das Recht der Aufsicht über das Eisenbahnwesen zu, dem die Reichsverfassung einen eigenen Abschnitt gewidmet hat. Es kann nicht, seiner guten Eisenbahnrente sich freuend, gleichgültig zusehen, wie die anderen fertig werden, und sie einzig auf die geöffnete enge Türe des Artikels 22 des Gemeinschaftsvertrags verweisen. Preußen soll übrigens keinerlei finanzielle Einbuße erleiden, es war ja eine naive Auffassung, es werde aus dem Seinigen Geschenke verteilen, auch ohne das können pekuniäre Vorteile erzielt werden, von welchen man sich freilich übertriebene Vorstellungen nicht machen darf. Im Preußischen Abgeordnetenhause hat im März dieses Jahres der jetzige Preußische Eisenbahnminister erklärt: Die Vorschläge zur Herabsetzung der Betriebskosten seien in Erwägung genommen und in durchaus bundesfreundlicher Weise mit den Vertretern der einzelnen Staaten besprochen. Er hoffe, daß wir auf diesem Gebiete noch in einer Reihe von Punkten zu einer Einigung und zu einem innigen Anschluß gelangen werden. Es würde für ihn eine große Freude sein, wenn er die preußische Eisenbahnpolitik dahin führen könnte, daß sie in diesem Sinne nicht nur für Preußen, sondern für das ganze deutsche Vaterland gute Erfolge erzielte. Wenn der Minister sich auf diesen höheren Standpunkt stellt und wenn er den Einzelstaaten mäßigen Raum läßt für die Selbstverwaltung ihrer Bahnen, da wo sie mit jenem innigen Anschluß vereinbar ist, so werden die erhofften Erfolge nicht ausbleiben.

Herr von Podbielski hat den Verzicht Württembergs auf seine besonderen Postwertzeichen erreicht, während es Herr von Stephan, der nicht lange nach Abschluß der Verträge von 1870 in einer Reichstagsrede die Reservatrechte als „Eierschalen" bezeichnet hat, die von selbst abfallen werden, nicht zuwege brachte.

13) Wenn im Buche von Lorenz S. 384 darauf als auf eine Hauptbeschwerde hingewiesen wird, daß nach § 26 V des bayerischen Vertrags die in demselben eingeräumten Sonderrechte nur mit Zustimmung Bayerns abgeändert werden können, so ist das nicht eine besondere bayerische Stipulation. Schon in dem Protokoll zu dem badisch=hessischen Vertrag heißt es unter Ziffer 8: Zu Artikel 78 der Verfassung wurde allseitig als selbstverständlich angesehen, daß diejenigen Vorschriften der Verfassung, durch welche bestimmte Rechte einzelner Bundesstaaten in deren Verhältnis zur Gesamtheit festgestellt sind, nur mit Zustimmung des berechtigten Bundesstaats abgeändert werden können.

14) Graf Otto von Bray=Steinburg: Denkwürdigkeiten aus seinem Leben, 1901, S. 195.

15) Bemerkenswert ist eine briefliche Äußerung des Badischen Staatsministers Jolly, die in der Berliner Nationalzeitung vom 9. Juli 1897 wiedergegeben und für einen Beweis der „politischen Vorurteilslosigkeit" jenes Staatsmanns erklärt wird. Er hat geschrieben: „Es scheint, der diplomatische Ausschuß soll wesentlich nur das Recht haben, auf dem laufenden erhalten zu werden, ein Recht, das wenigstens Bismarck gegenüber gleich Null wäre. Im ganzen werden also die drei Königreiche in diesem Ausschuß eine bevorzugte Stellung haben. Der Ausschuß kann natürlich ohne unsere Zustimmung nicht gemacht werden. Ich schwanke noch, ob ich einfach ja sagen oder verlangen soll, daß den übrigen Staaten zwei Wahlstimmen, von denen die eine uns ziemlich sicher wäre, eingeräumt werden. Den ‚Königen' einen Possen zu spielen wäre schon ein Spaß. Andererseits läuft man Gefahr, wenn man sich Zugang in den Ausschuß erkämpft, in alle Lappalien und Intrigen desselben verwickelt zu werden."

16) Laband a. a. O. sagt, der Ausschuß habe nichts zu tun mit dem Abschluß internationaler Verträge.

17) Der ganze Briefwechsel ist abgedruckt in dem Anhang zu den „Gedanken und Erinnerungen" „Aus Bismarcks Briefwechsel" Bd. II S. 464 ff.

18) Nach dem Buche von Lorenz S. 377 soll Graf Bray dem Badischen Gesandten von Mohl in München gesagt haben, der den diplomatischen Ausschuß betreffende Vorschlag sei nicht von ihm, sondern von Bismarck aus-

gegangen, der Zweck sei eine Kontrolle über die auswärtige Politik des Bundeskanzleramts; er — der Graf — habe gewünscht, daß der Geschäftskreis des Ausschusses definiert werde, Bismarck sei aber ganz dagegen gewesen. — Ebendaselbst S. 375 ist von einer Unterredung des Grafen Bray mit dem Großherzog von Baden in Versailles am 25. November 1870 erzählt, Graf Bray habe gesagt, der diplomatische Ausschuß habe keine Kompetenz und das diplomatische Vertretungsrecht werde eine leere Form sein; solange Bismarck im Amte sei, werde überhaupt von keiner eigentlichen Mitwirkung die Rede sein; nach ihm freilich könnte es anders werden.

[19]) Lorenz sagt in seinem Buche S. 383: „Daß Preußen, selbst wenn das Zugeständnis rein formaler Natur gewesen wäre, durch den Bundesratsausschuß seine autonome europäische Stellung und Politik geopfert, seine Überlieferung, in welcher der Name Friedrich des Großen in ehernen Lettern zu lesen stand, für immer preisgegeben hatte und mit sanfter Verbeugung vor der dünkelhaften Souveränität dreier vor den Weltmächten so gut wie nichts bedeutenden Könige auf seine eigenste, blutig erstrittene Großmachtstellung verzichtete, wurde nirgends hervorgehoben."

[20]) „Fürst Bismarck nach seiner Entlassung" von Joh. Penzler, Bd. V S. 132.

[21]) Als bei der Spazierfahrt der Wagen eine Steige langsam hinabfuhr, stürzte aus dem Walde eine Dame hervor und überreichte dem Fürsten ein Bukett. Dabei scheint sie dem Fürsten die Hand geküßt zu haben, denn

ich hörte diesen sagen: „Meine Dame, das dürfen Sie nicht." Der Wagen hielt nicht an. Die Dame aber brach in ein wahrhaft hysterisches Schluchzen begeisterter Rührung aus.

22) In der Ansprache an die Frankfurter (27. August) hat der Fürst gesagt, es sei nicht seine Meinung, daß die Landtage dem Reichstag vorgreifen, auch nicht, daß sie dem Bundesrat das Konzept korrigieren sollen, daß in den Landtagen die deutsche Politik gemacht werden sollte, aber die Landtage sollten doch ihre Minister fragen: Wie habt ihr sie gemacht und warum habt ihr sie so gemacht? damit das Interesse an den gemeinsamen Dingen erhalten bleibe. Schulthess, „Europäischer Geschichtskalender", Jahrgang 1893, S. 116.

23) Der Gesandte bemerkte dazu unter anderem, der Fürst habe geäußert, er habe schon wiederholt daran gedacht, mich für den Reichsdienst zu gewinnen, sei aber davon abgestanden, weil es nicht erlaubt sei, im Garten des Nachbars Blumen zu pflücken.

24) Der Reichskanzler hatte am 1. April 1877 ein Entlassungsgesuch eingereicht, das vom Kaiser am 10. April durch Bewilligung eines Urlaubs von unbestimmter Dauer unter Aufstellung von drei Stellvertretern erledigt wurde. Zu vergleichen von Poschinger, „Bismarck und der Bundesrat", Bd. III S. 260, 347.

25) Am 15. April meinte Lasker bei einem Besuche bei mir, das Entlassungsgesuch des Kanzlers sei gar nicht

ernst gemeint gewesen, der Plan aber, Camphausen als allgemeinen Stellvertreter zurückzulassen, damit derselbe entweder sich unmöglich mache oder die wirtschaftlichen Verhältnisse wirklich ordne, sei gescheitert.

26) Im Preußischen Abgeordnetenhause beklagte sich am 23. März 1878 der Kanzler bitter darüber, daß er bei der Ausführung des zur Übertragung des preußischen Eisenbahnbesitzes an das Reich ermächtigenden Gesetzes vom 4. Juni 1876 bei den maßgebenden preußischen Stellen von einem Termin auf den anderen vertröstet werde und einem unüberwindlichen passiven Widerstand begegne, und am 17. Februar 1881 erklärte er im Herrenhause, er habe das Reichseisenbahnprojekt zurückstellen müssen, da der Finanzminister für die preußischen Bahnen einen Preis berechnet habe, den er (der Kanzler) wegen der Ungeheuerlichkeit des Anschlags nicht als einen ernstlichen anzusehen vermocht habe. — Danach hat nicht bloß, wie gemeinhin behauptet wird, das Widerstreben der Mittelstaaten die Nichtausführung des Reichseisenbahnprojekts verschuldet.

27) Am 24. März 1878 sagte mir der Württembergische Gesandte, Freiherr von Spitzemberg, Bismarck habe ihn am 22. März Abends rufen lassen und gefragt, ob er glaube, daß sein Schwiegervater (Varnbüler) das Preußische Finanzministerium annehmen würde; er habe geantwortet, derselbe sei 67 Jahre alt und habe keine Stimme, der Kanzler müßte Varnbüler nach dessen Rückkunft nach Berlin selbst fragen. — Am 27. März 1878 wurde Hobrecht ernannt.

²⁸) Am 18. März sagte mir der Königlich Sächsische Gesandte von Nostitz: schon bei der parlamentarischen Soiree am 9. März habe der Fürst als Vizekanzler Stolberg, als Preußischen Finanzminister den Oberpräsidenten Grafen Eulenburg genannt.

²⁹) Die Konferenz fand vom 5.—8. August in Heidelberg statt.